SO
HERE
I AM

So Here I Am

" "

그렇게 이 자리에 섰습니다

" "

여성 세계사의 변곡점 위에 섰던
비범한 그녀들의 강렬한 연설 50

애나 러셀 지음 **카밀라 핀헤이로** 그림
조이스 박 옮김

키스톤
KEYSTONE

"여자가 한 연설 중에 생각나는 거 있어요?"

"여자가 한 연설 중에 생각나는 거 있어요?"

이 책을 쓰기 위해 자료를 조사하면서 나는 친구와 동료, 가족, 전직 교사 그리고 이따금 순순히 묻는 대로 대답해 주는 낯선 이에게 이런 질문을 던져 보았다. 상식 퀴즈나 장거리 운전의 지루함을 떨치려고 하는 게임처럼 짐짓 재밌는 척하며 말이다.

이 질문에는 속임수도, 정해진 답도 없었다. 그런데도 내 질문을 받은 대부분은 심해에서 은 쪼가리 몇 점을 채굴하듯 끙끙거리며 한참을 생각했고, 몇몇 여성의 이름을 댔다. 하지만 그녀들이 한 연설 내용이나 연설한 이유 등에 대해서는 기억해 내지 못할 때가 많았다. 그리고 닫힌 문밖에 서서 문 안의 사람들이 나누는 대화를 듣지 못해 발을 동동 구르듯 답답해했다.

"소저너 트루스가 뭐라고 했는데? 아, 가물가물한 게 기억이 안 나네."

"세니커폴스대회에서 선언문을 낭독한 여자도 있었잖아!"

역사 속에는 많은 여성의 발자취가 남아 있지만, 우리는 그것을 아예 모르거나, 잊고 산다. 포스터와 청원서, 배지와 전단, 개인 편지와 비밀 일기, 다른 사람 이름으로 되어 있거나 서명을 달지 못한 예술 작품과 비평과 문학 작품, 남몰래 집안일을 휘갈겨 적은 목록, 병원 예약 서류, 마감일, 식료품 그리고 장례식 속에 그녀들이 묻혀 있어 더욱더 그렇다. 때문에 여성이 한 연설을 찾아내기가 그리도 어려웠는지 모른다.

이 책을 쓰던 초기, 5월의 어느 주말이었다. 여성들의 연설을 다 모아봤자 책 한 권 분량조차 나오지 않을까 봐 걱정하던 나는 브루클린 공립 도서관에 갔다. 그리고 그곳 서가에 꽂혀 있는 연설문과 모음집을 살펴보았다. 『펭귄 현대 연설문 모음집』, 『펭귄 역사적인 연설 모음집』, 『미국의 연설』, 『내게 자유를 달라』 등등이 있었다. 그야말로 보물 창고가 따로 없었다. 그중 가장 두꺼운 연설문 모음집인 『세계의 위대한 연설들: 페리클레스부터 넬슨 만델라까지 연설 292개』4판 확장판 을 보니, 남성들이 여성에 대해 한 연설이 거의 여성이 한 연설 수만큼이나 많았다. 미국의 전 상원의원 천시 미첼 드퓨Chauncey Mitchell Depew 는 「여성이여!」라는 제목으로 연설했고, 남북전쟁 당시 장교였던 호레이스 포터Horace Porter 도 같은 제목의 연설을 했으며, 마크 트웨인Mark Twain 은 1882년에 「신이시여, 여성을 축복하시라!」라는 연설을 했다. 292개의 연설 중에서 11개의 연설만이 여성들이 한 연설이었다.

페미니즘의 역사를 기술한 역작 『페미니스트 프로미스: 1792년부터 현재까지』에서 크리스틴 스텐슬Christine Stansell은 여성운동의 '역사적 기억 상실증'의 결과에 관해 쓰고 있다. 이것은 '과거의 잘못, 과거의 논쟁, 과거의 딜레마를 강박적으로 반복'한 결과를 말한다.

예를 들어 한 세대의 여성이 자신이 사는 세상이 자신이 바라던 바와 다르다는 것을 깨닫고 그 다름에 저항하고자 한다. 하지만 어떻게 항거해야 효과적인지, 어떤 방법을 썼을 때 실패했는지에 대한 앞선 세대의 경험도, 자료도 없다. 그러한 상황에서 다름이라는 벽을 돌파하려고 들면 온갖 난관을 겪을 수밖에 없다. 그녀의 어머니도, 할머니도, 심지어 증조할머니도 마찬가지다.

나는 이런 상황이 이미 발명한 바퀴를 영원히 재발명하는 행위와 비슷하다고 본다.

새로운 세대는 종종 이렇게 비난한다. 자신의 이전 세대가 행동하지 않았기에 지금 세상이 이런 꼬락서니라고 말이다. 하지만 그들이 모를 뿐, 이전 세대 또한 젊었을 때는 나름 급진적이라는 소리를 들었고 여러 제약과 마주했을 것이다. 그리 치열히 사고하고 온갖 부담을 감내하며 연구했는데도, 왜 우리는 여성으로 산다는 것이 어떤 의미인지 지금까지 물어야 하는가?

도서관에서 자료를 열람한 후 나는 브루클린 박물관으로 발길을 돌렸다. 이 박물관에는 '엘리자베스 A. 새클러 페미니스트 예술 센터'가 있는데, 그곳의 주요 전시물은 방 하나를 모두 차지하는 주디 시카고Judy

Chicago의 1979년 작품, 『디너 파티』다. 거대한 삼각형 연회 테이블 모양의 구조물에는 역사와 신화 전반에 걸쳐 유명한 여성 서른아홉 명의 자리가 있으며, 버지니아 울프, 조지아 오키프, 새커거위아, 사포, 엘리자베스 1세 여왕의 자리를 찾아볼 수 있다. 이 테이블 아래 '헤리티지 플로어유산의 장'에는 거의 천 명에 달하는 여성의 이름이 쓰인 도자기 타일들이 깔려 있다. 몇몇 이름은 낯익지만, 그 외는 낯설다. 앨리스 폴, 칼로타 마티엔조, 플로렌스 나이팅게일, 아시시의 성녀 클라라, 히파르키아, 로즈무니, 테레사 비야레알 같은 이름들이 보인다.

우리는 보통 역사를 물리적인 공간의 개념으로 보지 않는다. 하지만 주디 시카고의 작품은 정전canon을 만드는 일, 즉 누가 이 테이블의 자리를 얻는지 결정하기가 매우 어려운 작업임을 보여 준다.

1970년대, 대학의 여성학 프로그램들이 여전히 유아기에 머물던 시절, 주디 시카고와 동료 연구자들은 중구난방인 자료, 중고 서적, 도서관 카탈로그를 뒤지고 여기저기, 그러니까 지식인 여성 연대—남성도 일부 포함되어 있다—에 묻고 물어 이 목록을 만들었다. 문자 그대로 이 테이블을 구축한 셈이다.

이 작품을 처음 보았을 때 나는 부모님과 함께 박물관을 방문한 호기심 많은 중학생이었다. 이제 20년이 지나서 보니 이 여성들이 이 테이블에 자리를 차지한 것이 너무도 당연하다는 생각이 든다. 논란의 여지 없는 명성을 지닌 여성들이니 말이다. 하지만 테이블 하나에, 전시물 하나에, 선집 하나에 여성들에게 배정된 공간에 대한 논란이 아예 없지는 않다.

학구적인 질문들은 아니지만, 그 질문은 바로 이것이다.

이런 공간을 얻기까지 왜 22년이나 걸렸는가?

세계 곳곳에서 매진을 기록하며 화제를 낳은 『디너 파티』가 한 박물관에 영구적으로 전시되기까지 22년이나 걸렸다는 점도 의문이다.

여성들이 어떻게 살았고 어떤 선택을 했는지에 대한 이야기가 한 세대에서 다음 세대로 전달되는 과정에 새로울 것은 없다. 여성들은 늘 그렇게 해 왔으니까. 사적인 자리에서 두런두런 이야기하거나 서명 없이 남아 있는 작품 속에서 그들은 자신의 살아온 궤적을 전달해 왔다.

1929년 수필집 『자기만의 방』에서 버지니아 울프는 이렇게 썼다.

'저자 서명 없이 많은 시를 남긴 무명씨들은 종종 여성이었다.'

프랑스 혁명이 발발한 즈음, 여성들은 여성의 정치적 생애를 활자로 남기기 위해 고군분투하게 되었다. 영국의 지식인 매리 울스턴크래프트 Mary Wollstonecraft 의 『여성의 권리 옹호』와 프랑스의 시민운동가이자 극작가인 올랭프 드 구주Olympe de Gouges 의 「여성과 여성 시민의 권리 선언」이 그 예이다. 이것들은 삶에서 여성이 차지하는 몫에 대한 강력하고 명징한 기술이며, 이루어져야 하는 변화에 대한 솔직 담백한 주장들이다. 하지만 여성들은 이 메시지를 말이 아닌 글로만 표현할 수 있었다. 많은 문화권에서 강연과 토론이 일어나는 공공의 장은 남성들에게만 배타적으로 허락되었고, 1800년대 초반에야 여성들이 공공장소에서 자신들의 목소리를 낼 수 있게 되었기 때문이다.

당시 대중 연설은 혁명적인 행위였다. 하지만 앞으로 나아가 말한 여성들은 달걀 세례를 받았고, 평판도 바닥에 떨어졌다.

1829년, 차별 폐지론자 패니 라이트는 미국 각지를 돌며 강연했다. 그녀는 남녀가 섞여 있다고 해서 '난잡한 청중'이라고 불리는 사람들 앞에서 교육의 중요성과 같은 주제로 강연했을 뿐이었다. 그런데도 그녀는 야유받았고, '부정한 빨간 머리 매춘부'로 불렸다.

아프리카계 미국인이며 차별 폐지론자인 마리아 스튜어트는 무려 1832년에 여성의 가능성에 대한 연설을 용감하게 했다.

미국 남부 대 농장주의 딸들인 앤절리나 그림케와 사라 그림케는 가족의 분노를 무릅쓰고 노예제 폐지를 외치는 순회 연설을 했다.

이 책은 공동 프로젝트로 만들어졌다. 멋진 편집팀이 여러 재단과 기념관과 문학 에이전시와 기록 전문가에게 연락해서 이 책 속의 연설 하나하나가 실릴 수 있도록 저작권을 확보해 주었고, 카밀라 핀헤이로Camila Pinheiro는 강렬한 삽화로 여성들을 아름답게 구현해 주었다. 헬렌 레미즈스카Helene Remiszewska가 필수적인 사실관계들을 하나하나 확인해 책의 객관성과 완성도를 높여 주었다.

책을 쓰기 위해 자료 조사에 들어가자, 나는 책을 다 채우지 못할지도 모른다는 내 두려움에 전혀 근거가 없다는 사실을 깨달았다. 나는 역사가, 언론인, 여성학 교수, 그 외 많은 친구에게 널리 도움을 요청했는데,

이내 여성 연설가 추천이 물밀 듯 밀려들었다. 그들은 구체적인 연설을 알려 주는가 하면, 선구적 역할을 한 여성의 존재를 발견해 주기도 했다. 그렇게 알게 된 한 여성을 조사하다 보면 또 다른 여성도 발굴할 수 있었다. 그 결과, 엄청난 수문이 열렸다는 것을 미처 깨닫기도 전에 감당할 수 없을 정도로 많은 연설을 확보할 수 있었다. 게다가 보석 같은 연설이 어찌나 많았는지!

1914년, 남자들에게 투표권을 줄지 여성들이 모여서 격론을 벌였던, 예리하기 그지없으나 재미있는 '모의 의회'를 개최했던 캐나다의 여성참정권 운동가 넬리 매클렁은 놀라웠다.

2012년, 마날 알샤리프가 사우디아라비아에서 여성 운전 금지 조치를 어떻게 어기고, 여성 운전을 위한 운동을 시작했는지도 흥미로웠다.

뉴욕주 세니커폴스대회에서 「여성 유감 선언」을 낭독했던 미국의 여성참정권 운동가인 엘리자베스 캐디 스탠턴은 1892년 「자아의 고독」이라는 연설에서 아름답게 물었다.

"묻습니다. 대체 누가 다른 영혼의 권리와 의무와 책임을 대신 떠맡을 수 있단 말입니까! 아니, 어찌 감히 떠맡을 수 있습니까?"

이 책의 연사들은 19세기 초부터 현재까지 존재한 여성들이다. 공적인 연설은 대개 그녀들의 활동과 엮여 있다. 이 책 속의 연설은 광의의 사회 및 정치 운동으로 나아가는 창문이며 여성참정권 운동이 시민권 운동, LGBTQ 평등 운동, 적극적인 환경 정책으로 이어졌음을 알 수 있다.

이 연설 중 일부는 예술과도 긴밀히 엮여 있다. 토니 모리슨은 노벨상 수락 연설에서 우화의 형식을 빌려 한 노파와 한 마리 새에 대해 눈부신 스토리텔링을 했다.

마야 린은 졸업 축하 연설에서 졸업하는 미대생들에게 한번 생각해 보라며 이렇게 말했다.

"지금부터 백 년 후 사람들은 당신들의 작품을 어떻게 읽고 어떻게 느낄까요?"

책 속의 연설들은 위트가 넘치고, 설득력 있고, 사적이며, 저돌적이고 열정적이다. 그리고 이 연설들은 여성들에게 뼈를 찌르는 영원한 질문을 던진다.

"여성은 어떻게 존재해야 합니까?"라는!

여느 책들과 마찬가지로, 이 책 역시 완결이 아니다. 어쩔 수 없이 범위를 줄였기에 몇몇 멋진 여성은 다음 권을 위해 남겨 두어야 했다. 비록 이 책에 실린 연설 대부분은 여성운동이 일찍부터 일어난 미국과 영국이 그 출처지만 프랑스, 호주, 케냐, 라이베리아, 이집트, 파키스탄, 폴란드 여성의 연설도 실려 있다. 특정 여성의 연설을 너무도 책에 싣고 싶었으나 신뢰할 만한 연설 판본을 구할 수가 없어 책에 싣지 못하는 좌절도 종종 맛보아야 했다.

이 책에 실린 연설문들은 대부분 발췌문 형식이며, 이 연설들은 전문을 모두 찾아 읽을 만한 가치가 차고 넘친다.

부디 바라건대, 이 책을 펼친 독자들이 여기 실린 연설을 여성이자 한 사람의 인간인 자신의 주체성을 각성하고 키우고 발전시키는 출발점으로 삼아 주었으면 한다. 그리고 이 책이 더 많은 역사 속 여성을 발굴할 수 있는 도약판이 되었으면 한다.

덧붙이자면, 이 책 속의 여성들은 영웅이나 성자가 아니다. 아무리 우리가 그들이 그러기를 바랄지라도 그렇지 않다. 그들은 진짜 사람들이었거나 진짜 사람들이다. 종종 이들은 타협해야 했고, 중상에 휘말렸고, 어려운 결정에 고민하기도 했다. 때문에 나는 이 책을 쓰는 동안 상호 모순되는 사실들과 마주하며 괴로워하기도 했다.

인종 문제로 문제시될 만한 태도를 보인 초기 여성참정권 운동가 몇몇이 그러했다. 예를 들어, 산아제한에 대해 우생학적 태도를 보인 마거릿 생어가 그렇다. 국가의 수장이었던 인디라 간디와 엘런 존슨 설리프 역시 복잡한 유산을 남겼다. 하지만 여기에 실린 연설은 감동적 영감을 줄 뿐 아니라 불멸로 남을 그 한순간을 넘어 이후 여러 세대에 걸쳐 빛날 만하다. 그리고 이 연설들은 각자의 디딤돌이 되어 주고 있다.

너무나도 멋진 연설문들을 읽으면서 깨닫게 되는 매혹적인 사실은, 그 연설을 잇는 끈이 보인다는 점이다.

2014년, 영국의 배우 엠마 왓슨은 성 불평등을 종식하자는 주제의 유엔 연설에 1995년 힐러리 클린턴이 베이징에서 했던 연설을 참조했다. 그 연설에서 힐러리는 "누가 뭐래도 여성의 권리는 인권입니다"라는 유명한 말을 했다. 그리고 힐러리는 정식으로 여성참정권이 발효되기 전, 아마도 1848년 엘리자베스 캐디 스탠튼이 「여성 유감 선언」을 낭독하기 위해 일어섰을 때 미국의 여성들이 마주하고 있던 그 오랜 기다림이 어떠했는지 묘사한 바 있다.

1973년 루스 베이더 긴즈버그는 노예제 폐지론자 사라 그림케의 연설을 인용해 대법원에서 압도적인 연설을 했다.

"여성에게 특혜를 달라는 말이 아닙니다. 다만 우리 목을 짓누르는 여러분의 발을 좀 치워 달라고 요청하는 것뿐입니다."

1992년에 나오미 울프는 버지니아 울프가 자기 검열의 위험을 경고한 1931년의 연설, 「여성을 위한 직업」을 소환했다.

상상력이 뛰어난 소설가 어슐러 K. 르귄은 밀스대학에서 「왼손잡이 졸업 축사」라는 뛰어난 연설을 했다. 그녀는 영감을 얻으려면 서로의 틈에서 주변을 둘러보고 아래를 내려다봐야 하며 '여성의 언어를 써서 공개적으로 큰 소리를 내라'라고 제안했다. 이 또한 다른 여성 연설가들과 연결된다.

여성들은 서로에게서 배워 왔다. 그리고 우리도 그들에게서 배울 수 있다.

CONTENTS

엘리자베스 1세

영국 여왕

Elizabeth I

Queen of England(1588~1603)

❝

I myself will take up arms,
I myself will be your general, judge,
and rewarder of every one of your
virtues in the field.

과인은 분연히 무기를 들고 나설 것이다.
과인은 장군이 되어 그대들의 선봉에 설 것이며,
전장에서 벌어지는 시시비비를 공정히 가려 줄 것이며,
그대들이 전장에서 세운 눈부신 공을 치하하고 보상해 줄 것이다.

❞

Elizabeth I

엘 리자베스 1세는 1558년 스물다섯 살에 왕위에 올라 44년 동안 영국
을 통치했다. 그녀는 미혼으로 살면서 구혼자들을 줄줄이 거절했고,
'처녀 여왕'으로 불렸다. 이 별칭은 신성불가침에 무적이며 영국을 위해 헌신
하는 여왕의 이미지를 만들어 그녀의 명성을 드높이는 데 큰 역할을 했다.

 가톨릭 신자인 이복 언니 메리 여왕의 뒤를 이어 왕이 되었기에 엘리자베
스는 자신의 왕권을 위협할 수 있는 가톨릭 세력을 늘 경계해야 했다. 죽은
메리 여왕의 남편이자 스페인 국왕 필리페 2세의 명을 받은 파르마 공작이
이끄는 스페인 무적함대가 1588년 영국 침공을 준비하자, 영국군은 에식스
틸버리에 집결했다. 많은 역사가는 엘리자베스가 말을 탄 채 늘어선 군대 사
이로 행차했다고 믿고 있다. 에드먼드 스펜서 Edmund Spenser 의 장편 서사시
「요정 여왕」의 등장인물처럼 그녀가 물결치듯 하늘거리는 흰색 드레스 위에
은빛 흉갑을 걸치고 있었다고 말하는 이들도 있다.

 엘리자베스의 연설은 전투 전에 군대를 규합하고 고무하는 데 중점을 두
었지만, 동시에 권력의 선언이기도 했다. 남성이 오래 독점한 정치 지도자의

자리에 올랐기에 엘리자베스는 전쟁의 언어로 군대의 사기를 북돋우고 자신의 신성한 통치권을 강조했다.

엘리자베스는 외쳤다. '휴양과 향락'을 위해서가 아니라 '자신의 군대와 함께 살고 죽기 위해' 자신이 이리 왔노라고. 그녀는 자신이 '왕의 심장과 결단력'이라는 강한 남성성을 지녔음을 강조하기 위해 '과인이 비록 여리고 약한 여인의 육체를 지녔지만' 라는 말로 자신의 육체적 약점을 부각했다. '약한 여인'과 '강한 왕'이라는 두 개의 상반된 이미지를 제시해 군대의 수장인 왕이 자신임을 효과적으로 강조한 것이다. 그리고 그녀는 자기희생의 자리이자 권력의 정점에 자신이 있음을 강하게 호소하기 위해 이렇게 말했다.

"과인은 분연히 무기를 들고 나설 것이다. 과인은 장군이 되어 그대들의 선봉에 설 것이며, 전장에서 벌어지는 시시비비를 공정히 가려 줄 것이며, 그대들이 전장에서 세운 눈부신 공을 치하하고 보상해 줄 것이다."

스페인 무적함대와 전투를 앞두고

1588년

On the Spanish Armada

사랑하는 백성들이여!

이곳에 오기 전 과인의 안위를 염려한 이들은 과인을 만류했다. 역모가 있을지도 모르니 무장한 군인들이 집결한 곳으로 행차해서는 안 된다고 했지. 하지만 과인의 백성인 그대들을 사랑하고 믿기에 과인은 그들의 권유를 듣지 않았다. 하느님의 가호 아래 군주로서 최선을 다한 과인이 어찌 폭군처럼 역모를 두려워하겠는가!

과인의 모든 힘과 방책이 백성의 충정과 선의에서 나온다는 사실을 알기에 과인은 그대들을 믿는다. 그렇기에 전투의 열기가 들끓는 이곳에서 그대들과 마주하고 있음이다. 과인의 하느님, 과인의 왕국과 백성들 그리고 과인의 명예와 과인 안에 흐르는 왕의 피로 맹세하노니, 과인은 기꺼이 그대들과 함께 죽고 함께 살 것이다.

Elizabeth I

과인이 비록 여리고 약한 여인의 육체를 지녔지만, 근심하지 말지어다. 그것을 뛰어넘는 왕 아니, 영국 왕의 심장과 결단력이 언제나 과인을 따르고 있음만 기억하라. 저 더럽고 수치를 모르는 파르마나 스페인, 혹은 유럽의 군주들이 감히 과인의 왕국을 범하려 든다면, 과인은 과인의 명예를 더럽히느니 분연히 무기를 들고 나설 것이다.

과인은 장군이 되어 그대들의 선봉에 설 것이며, 전장에서 벌어지는 시시비비를 공정히 가려 줄 것이며, 그대들이 전장에서 세운 눈부신 공을 치하하고 보상해 줄 것이다.

과인의 앞에 도열한 그대들은 빛나는 영예와 포상을 받을 자격이 충분하다. 왕의 이름으로 그대들에게 약속하느니, 과인은 그대들에게 반드시 합당한 포상을 내릴 것이며, 이 일은 과인의 사령관이 과인을 대신하여 행할 것이다.

이 사명을 행하는 데 있어 사령관보다 더 고귀하고 합당한 자가 없으니 이를 의심치 말고 그에게 복종하라. 그대들끼리 반목하지 말 것이며, 용맹하게 전투에 임하라.

승리는 분명 우리 눈앞에 있으며, 하느님과 영국 백성들의 적을 무찌른 그대들의 업적은 청사에 남으리라!

패니 라이트

사회 개혁가

Fanny Wright
Social Reformer

Let us clearly perceive that accurate knowledge regards all equally;

정확한 지식은 만물을 평등하게 본다는 점을 분명하게 인지해야 합니다.

Fanny Wright

1829년 스코틀랜드에서 태어난 차별 폐지론자 프랜시스 라이트—패니 라이트로 널리 알려져 있다—는 미 대륙을 가로지르며 연설했다. 노예제, 아동의 권리, 여성의 권리, 지적 자유 등과 같은 주제들을 포괄하는 연설의 넓이와 깊이는 놀라웠다. 그러나 라이트는 그녀의 연설보다는 남녀 모두로 구성된 청중—당시 표현으로 '난잡한 청중'—앞에서 말했다는 사실로 더 기억되고 있다.

그녀가 강연으로 어떤 보상을 받은 것도 아니었다. 그녀를 비판하는 이들은 라이트를 '부정한 빨강머리 매춘부'라고 부르면서 '세계를 가늠할 수 없을 정도로 거대한 매음굴'로 만들고 있다는 비난을 퍼부었다.

그런 라이트에게도 지지자들은 있었다. 라이트는 미국과 프랑스 혁명 모두에서 주요한 역할을 했던 라파예트 후작과 가까웠고 미국 건국의 아버지인 토머스 제퍼슨과도 교류했다.

「지식과 유사 탐구의 속성에 대하여」라는 일련의 강연에서 라이트는 자신의 위치가 독특하다고 말했다.

"이렇게 제 목소리를 내는 여성을 보고 있는 사람들의 편견에 지금쯤 불이 활활 타오르고 있을 겁니다."

라이트는 청중에게 돌아보며 말했다.

"저는 이렇게 묻고 싶습니다. 진실에 성별이 있습니까?"

라이트는 한 사회에서 여성이 누리는 삶의 조건이 어떠한지를 살펴보면 그 사회가 전체적으로 얼마나 건강한지 알 수 있다고 주장했다. 미국의 이념은 ─라이트는 그것을 자유와 평등으로 생각했다─ 모든 사람을 위한 교육에 있다고도 말했다.

"지식이 성장하고 평등하게 분배되는 사회는 인류가 추구해야 할 가장 이상적인 사회 구조라고 할 수 있습니다. 저는 이것만이 인류의 현 상태를 개혁할 수 있는 유일한 수단이라고 말하겠습니다."

지식을 획득하는 수단으로만 간주하는
자유 탐구에 대하여
1829년

Of Free Inquiry, Considered as a Means for Obtaining Just Knowledge

여성도 훌륭한 분별력과 감정을 모두 갖추고 있으며 여성이 자신의 터전인 사회에서 입지를 얻기 전까지는 인류의 진보가 실로 미약할 것이라는 주장을 저는 지금 이 자리에서 하고자 합니다. 이 주장이 아무리 새롭다고 할지라도, 저는 감히 하고자 합니다.

인류가 가진 힘의 절반을 제한하려는 짓은 실로 헛된 시도입니다. 그 절반이 가장 중요하고 가장 영향력이 크니 말입니다.

여성을 인류 진보의 척도로 삼으십시오. 그러면 여성의 지위가 인류의 지위를 결정할 것입니다.

여성들이 교양이 있다고요? 그건 사회가 그만큼 세련되고 계몽되었다는 의미입니다.

여성들이 무지하다고요? 그건 사회가 그만큼 무례하고 지루하다는 방증입니다.

여성들이 현명하다고요? 그건 인간이 누리는 삶의 조건이 그만큼 좋다는 뜻입니다.

여성들이 어리석다고요? 그건 사회가 그만큼 불안정하고 가망이 없다는 것입니다.

여성들이 자유롭다고요? 그건 인간의 품성이 그만큼 고양되었다는 증거입니다.

여성들이 노예처럼 산다고요? 그건 전 인류가 그만큼 퇴락했다는 의미입니다. 인간 일부에게 파괴적이라면 인간 모두에게도 파괴적임이 분명하니까요.

여성을 종속하고 무지하게 두어야만 여성의 효용 가치가 생긴다는 저속한 주장을 하는 이들이 있습니다. 이건 소수의 귀족이 다수의 백성을 다스리며 내세우는 명분과 다를 바 없으며, 민주주의 사회에서 부자들이 가난한 이들에게 써먹는 논리와 마찬가지입니다. 그리고 모든 국가의 식자들이 이걸 일반인들에게 내세우지요.

지식의 속성을 잘못 이해한 탓에 지식 그 자체가 의혹을 낳기도 합니다.

진실truth 의 위험성이란 무엇입니까? 사실fact 의 위험성은 어디에 있을까요? 오류와 무지 또한 위험성으로 가득합니다.

이것들은 우리의 상상력을 공포로 채웁니다. 이것들은 외적인 조건이 바뀔 때마다 우리가 그 자비에 매달리게 합니다. 우리를 무력화해 인류의 일원인 인간이기에 주어진 의무를 행하지 못하게 하며, 감정을 지닌 존재이기에 느낄 수 있는 행복에 무감각해지게 하며, 이성적 존재이기에 가능한 인간의 진보를 막습니다.

자, 다들 환상에서 깨어나십시오. 진정한 지식이 무엇인지 이해하려고 해 보십시오.

정확한 지식은 만물을 평등하게 본다는 점을 분명하게 인지해야 합니다.

진실 혹은 사실은 모든 인류에게 같으며, 부자들을 위한 진실과 가난한 이들을 위한 진실이 따로 있지 않으며, 남자를 위한 진실과 여자를 위한 진실이 따로 있지 않다는 사실을 분명히 인지해야 합니다. 진실, 즉 사실은 눈과 귀를 온전히 열고, 이해해야 깨달을 수 있음을 명심하시기 바랍니다.

Fanny Wright

마리아 스튜어트

언론인·차별 페지론자

Maria Stewart
Journalist and Abolitionist

"

It is not the color
of the skin that makes
the man or the woman,
but the principle
formed in the soul.

남녀에 상관없이 인간을 성인이나 학자를 만드는 것은
피부색이 아니라 그 영혼 속에 새겨진 신념입니다.

"

Maria Stewart

아프리카계 미국인 차별 폐지론자인 마리아 스튜어트의 비범한 경력에는 최초라는 수식어가 많이 붙어 있다. 그녀는 남녀 청중 앞에서 연설한 최초의 아프리카계 미국인 여성이며, 여성의 사회적 역할에 대해 공개적으로 연설한 최초의 여성이기도 하다. 남북전쟁이 일어나기 수십 년 전, 그리고 '상호교차성intersectionality[1]'이라는 용어가 생기기 오래전에 이미 스튜어트는 아프리카계 미국인 여성으로 사는 경험에 대해 연설한 몇 안 되는 연설가였다.

스튜어트가 처음부터 유명인사는 아니었다. 그녀는 고아였고, 다섯 살 때부터 연한 계약 노동자[2]로 살았기에 정규 교육을 받은 적도 없었다. 하지만 그녀는 시민의 권리 보호와 사회 개혁에 깊은 열정을 품고 있었다.

1831년, 젊은 과부였던 스튜어트는 윌리엄 로이드 개리슨이 발행하는 신문,『더 리버레이터』에 인종과 종교에 대해 다룬 자신의 글을 게재했다. 이 글은 좋은 반응을 얻었고 그녀의 인기 또한 높아져 그녀는 보스턴에서 노예제 폐지를 외치는 네 번의 강연도 할 수 있었다. 하지만 비난이 쏟아지자

1833년에 강연을 중단한 뒤 교사로 근무하다 은퇴했다.

　스튜어트는 연설 '고별사'에서 『여성 스케치』라는 오래된 역사책에 실려 있는 여성들을 하나하나 거론했다. 신앙심이 깊었던 그녀는 만약 성베드로가 그녀의 삶을 돌아보았다면 여성인 그녀가 대중 앞에서 연설해야 할 필요성을 분명 이해해 주리라 확신했다. 스튜어트는 명료한 질문을 던졌다.

　"여자라서 뭐 어떻다는 겁니까?"

---

1 계급, 인종, 민족, 젠더, 장애, 섹슈얼리티 등을 포함한 사회 불평등의 요소들을 상호 교차시킴으로써 단차원적 개
　념화에 비해 보다 복합적인 차별의 유형을 산출하는 것 《사회학의 핵심 개념들(동녘)》
2 북미 대륙 최초의 노동 계약 형태로 초기에는 유럽의 가난한 젊은이들이 미국으로 건너오는 뱃삯을 몇 년 동안의
　강제 노동으로 갚는 노동 계약의 한 형태였다. 노예제 폐지 후 흑인 노예들이 이 노동 계약의 주 대상자가 되었으나
　점차 줄어들었고, 20세기 초에는 사라졌다.

고별사
1833년

Farewell Address

여자라서 뭐 어떻다는 겁니까?

고대의 하나님은 오늘날 우리가 믿는 하나님이 아니랍니까?

이스라엘에서 데버러를 어머니이자 선지자로 키우신 분이 하느님 아닌 다른 분입니까?

하만의 계략을 무너뜨리고 수많은 유대인의 생명을 구한 이는 에스더 왕비 아니었나요?

부활하신 예수님을 처음 본 사람은 막달라 마리아 아닌가요?

비록 성 바울은 여인이 대중 앞에서 연설하는 게 수치라고 했지만, 우리의 대제사장이자 대언사이신 예수님은 이보다 더한 짓을 한 여인도 정죄하신 적 없습니다. 그러니 저는 믿습니다. 예수님은 이 쓸모없는 벌레 같은 여자도 정죄하지 않으실 것을요.

Maria Stewart

예수님은 심판의 날이 도래해 승리에 이르기까지 상한 갈대를 꺾지 아니하시며 꺼져 가는 심지도 끄지 아니하신 분입니다. 그러니 성 바울도 우리 여자들이 어떤 억울한 일을 당했고, 또 무엇을 빼앗겼는지 안다면 자신의 권리를 되찾겠다는 우리의 호소에 분명 귀를 기울일 겁니다.

앞서 말씀드린 여자들이 정말 과거에 존재했음을 믿으신다면, 이 또한 믿으셔야 합니다. 격동하는 현재를 굽어보고 계신 하나님께서 이 시대의 여자 또한 하나님의 뜻을 받드는 종으로 유용하게 쓰실 거란 사실을요. 그리고 현재 너희를 압박하는 편견의 거친 흐름을 막아야 하니 공사를 막론하고 투쟁하라고 당신의 딸들에게 명하셨음을요.

이곳에 모인 모든 분께 말씀드립니다. 여자들의 노력을 더는 비웃지 마십시오. 그 또한 여러분의 죄가 될 것입니다. 하나님은 궁극의 목적을 달성하기 위해 때론 연약한 수단을 쓰신다는 사실을 모두 알고 계시리라 믿습니다.

우리는 이쯤에서 15세기의 일반적인 시대정신을 눈여겨볼 필요가 있습니다. 당시의 여자들은 설교하고 여러 논쟁에 참여했습니다. 여자들이 철학과 법의 권좌를 차지했으며, 교황 앞에서 라틴어로 열변을 토했고, 히브리어로 연구하고 그리스어로 집필했습니다. 수녀는 시인이자 신성한 소명을 받은 자였고, 웅변을 공부한 소녀는 상냥한 얼굴과 대조되는 강한 목소리로 교황과 기독교 군주들에게 튀르크족에게 전쟁을 선포하라고 촉구했습니다.

당시 여자들은 남는 시간 동안 사유와 학문에 정진했습니다. 여자들에게 활력을 불어넣었던 신앙심이 이 시대에도 나타났기 때문이지요. 신앙심은 여자들을 순교자로, 사도예수의 제자로, 전사로, 성자로, 학자로 만들었습니다.

과거의 신앙심과 현재의 신앙심이 서로 다를 리 없건만 어째서 우리 여자는 달라야 합니까? 왜 우리는 성녀도, 학자도 될 수 없다는 겁니까!

그리고 앞에서 말씀드린 여자들이 검은 피부로 나타나지 않는다는 법도 없지 않습니까.

그건 절대로 불가능한 일이 아닙니다.

남녀에 상관없이 인간을 성인이나 학자를 만드는 것은 피부색이 아니라 그 영혼 속에 새겨진 신념입니다. 찬란한 지성은 빛나는 영혼에서 우러나옵니다. 때문에 천재성과 재능은 그 광채를 절대로 숨기지 못합니다.

앤절리나 그림케
정치 활동가

Angelina Grimké
Political Activist

"

We often hear the question asked,
'What shall we do?'
Here is an opportunity for doing
something now

우리는 종종 이런 질문을 받습니다.
'어떻게 해야 하죠?'라고요.
무언가 할 기회가 바로 지금입니다.

"

Angelina Grimké

앤절리나 그림케는 노예제를 지지하는 남부 사우스캐롤라이나주 농장 주의 딸로 태어났다. 하지만 1830년대부터 노예제 폐지를 위한 순회 강연에 나섰다. 가족의 분노야 어찌 보면 당연했지만, 그녀와 가까운 사람들조차 그녀의 활동에 호의적이지 않았다. 후에 그녀의 남편이 된 테오도르 웰드를 포함해 그녀와 친했던 노예제 폐지론자들조차 앤절리나가 여자의 몸으로 연설하는 모습이 자신들이 도모하는 대의에 해가 될까 봐 연설을 그만두라고 말렸다.

노예제 폐지론을 이끄는 이들이 주로 남자였음에도 앤절리나는 굴하지 않았다. 언니 사라와 더불어 연설을 하고 글을 쓰면서 여성을 남성과 도덕적으로 동등한 존재로 자리매김해 나갔다. 그 와중에 숱하게 협박받는 삶을 살아야 했다.

앤절리나의 주장을 마뜩잖아한 뉴잉글랜드 교회 연합은 예배 시간에 읽는 '교서'를 통해 신도들에게 '여성의 힘은 의존이다'라는 메시지를 전하기까지 했다.

하지만 앤절리나는 연단에서 내려오지 않았다. 그녀가 사람들의 능멸에 당당하게 맞설 수 있었던 힘의 원천은 바로 신념이었다.

1838년, 여성 차별 폐지론자 그룹이 여러 인종이 뒤섞인 청중을 대상으로 펜실베이니아 홀에서 전국적 규모의 대회를 열었을 때 앤절리나는 그곳에서 연설했다. 홀 밖에서는 성난 폭도들이 몰려와 그녀가 연설하는 동안 문과 창문을 두드려 부수었다.

하지만 앤절리나는 굴하지 않았다. 그녀는 청중에게, 특히—아직 투표권이 없었던—여성들에게 청원권을 써서 폭도들의 화난 목소리에 당당히 맞서라고 촉구했다.

앤절리나가 연설을 마치고 떠나자 폭도들은 불을 질러 홀을 무너뜨렸다.

노예제 폐지 연설
1838년

Anti-Slavery Speech

남자분들, 형제분들, 아버님들, 어머님들, 따님들, 자매님들, 오늘 이 자리에 왜 오셨습니까? 단순한 호기심인가요? 아니면 죽어가는 노예들의 참상을 동정하기 때문인가요? 어떤 이유로 이토록 많은 분이 모이셨나요?

저는 남부인이기에 말로 다 할 수 없는 노예제의 끔찍한 실상을 생생히 봐 왔습니다. 저는 그 참상을 증언하는 일이 이 연단에 선 제 임무라고 생각합니다.

[그때 돌들이 날라와 창문이 깨진다. 밖에서는 엄청난 소음이 들리고 안에서는 소동이 일어난다.]

여러분은 과연 무엇이 폭도라고 생각하십니까?

이 창문들을 모조리 부수고 있는 사람들?

이 홀을 무너뜨릴지도 모르는 사람들?

보십시오. 과연 폭도가 누구입니까! 노예제가 부당하다고 여기는 우리의 생각이 틀렸다는 증거가 어디 있어 노예제가 선하고 건전하다는 겁니까!

Angelina Grimké

우리는 종종 이런 질문을 받습니다.

"어떻게 해야 하죠?"라고요.

무언가 할 기회가 바로 지금입니다. 참석하신 남녀 여러분, 우리가 폭도를 두려워하지 않는다는 사실을 보여 주십시오. 협박이 쏟아지고 욕설이 난무해도 목소리를 낼 수 없는 이들을 위해 입을 열어 주시고, 죽을 각오로 우리가 믿는 바를 사방에 알려 주십시오. 이렇게 무언가를 할 수 있습니다.

필라델피아의 여성 여러분, 자신이 태어난 땅을 지극히 사랑하는 남부 여성으로서 저는 여러분께 간청합니다. 가능한 한 서둘러 청원을 넣어 주십시오. 참정권이 있는 남자들은 이 문제와 그 밖의 다른 문제들을 투표함에서 해결할 수 있지만, 여러분에게는 그런 권리가 없습니다. 우리의 목소리가 입법부에 닿으려면 청원 외에는 방법이 없습니다. 그러니 청원을 해 주시는 것이 여러분의 의무라고 할 수 있습니다.

합중국의 여성들이 의회에 이러한 청원을 넣는다면 우리나라의 입법자들도 영국의 입법자들처럼 일어나 말할 것입니다.

"이 땅의 모든 처녀와 부인이 우리의 문을 두드리니 우리가 법을 만들어야겠소"라고 말입니다. 영국 자매들이 열정과 사랑, 믿음과 노고로 의회에 청원을 넣으며 대영제국의 노예제 폐지를 끌어냈듯 우리도 같은 열정과 사랑, 믿음과 노고를 쏟아부어야 합니다. 그래야 고통으로 신음하는 노예들이 해방을 외칠 때 우리가 할 수 있는 일을 했다는 만족감을 느낄 수 있을 겁니다.

Angelina Grimké

소저너 트루스

차별 페지론자 · 여성 인권 운동가

Sojourner Truth
Abolitionist and Women's Rights Activist

"

If you have woman's rights, give it to her and you will feel better. You will have your own rights, and they won't be so much trouble.

여자의 권리라는 게 있다면 원래 주인인 여자에게 돌려주시구려!
그러면 기분이 한결 좋아질 거요.
당신들 권리는 따로 있으니 크게 문제 될 것도 없지 않소?

"

Sojourner Truth

뉴욕주 전원 지역의 노예로 태어난 트루스는 독설가이자, 카리스마가 넘치는 매혹적인 연설가였다. 또한, 복음주의 강도사, 전기 집필자, 차별 철폐론자 그리고 어머니이기도 했다.

1797년, 트루스는 네덜란드계 농장주의 집에서 태어났으며. 아홉 살쯤 다른 집으로 팔려 갔다. 20년 후 뉴욕주에서 노예제가 폐지되자 트루스는 주인 집에서 탈출했으며, 이후 소송을 걸어 아들 피터의 자유를 찾기도 했다.

1843년, 40대 중반에 영적으로 각성한 트루스는 이사벨라 밴 와그너라는 이름을 버리고 소저너_{일시 체류하는 자} 트루스_{진실}로 바꾸었다. 그리고 친구 올리버 길버트에게 구술해—그녀는 읽고 쓸 줄 몰랐다—출간한 회고록 『소저너 트루스의 이야기: 북부의 노예』의 판매량에 힘입어, 노예제 폐지 강연을 시작했다.

그녀의 대표적 연설은 1851년 오하이오여성인권대회에서 한 「나는 여자가 아니오?」이다. 이 연설은 사람들에게 강렬한 인상을 남겼기에 여러 판본이 오랫동안 떠돌았다. 페미니스트와 시민권 활동가들의 시금석 역할을 한 판본은 차별 폐지론자인 백인 프랜시스 게이지가 트루스가 연설한 지 12년 후인 1863년에 기억을 더듬어 기록한 버전으로 가장 많은 쇄를 찍었다. 하지만 게이지는 뉴욕주 태생인 트루스의 연설에 실수로 남부 사투리를 집어넣었다. 몇몇 역사학자들은 게이지가 '나는 여자가 아닌 겨?'─이후 '나는 여자가 아니오?'로 수정되었다─라는 어구를 집어넣었다고도 한다. 이 책에 실린 판본은 연설 시점과 근접한 시기인 1851년, 트루스의 친구인 마리우스 로빈슨 목사가 기록한 판본으로 『안티-슬레이버리 버글』지에 실렸고, 트루스의 비범한 목소리를 더욱 정확하게 살렸다

나는 여자가 아니오?
1851년

Ain't I A Woman?

보다시피 나는 여자요. 하지만 근육도 남자 못지않게 많고, 일도 남자 못지않게 많이 할 수 있소. 나는 쟁기질도 하고, 추수도 하고, 탈곡도 하고, 장작도 패고, 잔디도 깎아 보았다오. 어떤 남자가 나보다 일을 더 할 수 있겠소?

나는 지금껏 남녀가 동등하다는 말을 많이 들었다오. 그 말이 맞는 것이 나는 여느 남자만큼 무거운 걸 들 수 있고, 먹을 것도 있기만 하면 남자만큼 먹을 수 있지. 지금 여기 있는 여느 남자 못지않게 힘도 셀 거요.

하지만 너는 여자니 지성은 남자보다 떨어지지 않느냐는 말에 내가 할 수 있는 답은 이것뿐이요.

당신들 말마따나 남자의 지성이 2파인트짜리 그릇을 채울 정도고 여자의 지성이 1파인트의 그릇을 채울 정도라면, 고작 1파인트짜리 그릇을 여자가 못 채울 이유가 뭐겠소. 그러니 여자가 너무 많은 것을 가져갈까 봐 벌벌 떨면서 권리를 틀어잡고 있지 마시오. 그래 봤자 우리는 고작 1

파인트짜리 그릇밖에 없으니까 말이오. 줘도 못 가져가니 괜한 걱정일랑 말란 말이오.

이 딱한 양반들아, 어찌할 바를 몰라 허둥거리지 말고 여자의 권리라는 게 있다면 원래 주인인 여자에게 돌려주시구려! 그러면 기분이 한결 좋아질 거요. 당신들 권리는 따로 있으니 크게 문제 될 것도 없지 않소?

나는 글을 배우지 못해 들어서 성경을 깨쳤다오. 그런데 성경에서 그럽디다. 이브가 남자를 부추겨 죄를 짓게 했다고. 청컨대 기회를 주시구려. 우리 여자가 그리 큰 죄를 지어 세상을 엎어 버렸다면, 응당 죄지은 우리가 이 뒤집힌 세상을 다시 바로 세워야 할 거 아니요.

앞에 연설한 여자분이 예수님에 대해 말씀하십디다. 예수님은 절대 가까이 오는 여자를 쫓아내지 않았다고. 나는 그 말이 맞는다고 여긴다오. 나사로가 죽었을 때 마리아와 마르타는 예수님께 와서 죽은 오라비를 살려 달라고 간구했소. 그러자 예수님은 우셨고, 나사로는 무덤에서 나왔다오. 그런 기적을 행한 예수님은 세상에 어떻게 오셨소이까? 창조주 하나님과 낳아 준 여성을 통해서 아니오? 그럼, 여기서 남자가 한 일이 대체 뭐란 말이요?

여자들이 하나님의 축복을 받아 들림을 받을 때, 아무래도 남자들은 일부만 들림을 받을 것 같구려. 남자는 구원받기 힘드니 말이요. 불쌍한 노예와 여자도 남자의 책임이니, 남자가 갈 곳이 천국일지 지옥일지 나는 도무지 알 길이 없소이다.

빅토리아 우드헐

여성참정권 운동가 · 저자

Victoria Woodhull

Suffragist and Author

66

To love is a right higher than Constitutions or laws.

사랑이란 헌법이나 법률보다 위에 있는 권리예요.

99

Victoria Woodhull

빅토리아 우드헐은 1868년 뉴욕에 도착하자마자 센세이션을 일으켰다. 그리고 1870년에는 동생 테네시 클라핀과 함께 최초로 여성 증권 중개인이 되었고, 같은 해 함께 신문사를 차렸다.

젊은 시절 우드헐은 가족 소유 상점에서 사람들의 앞날을 점쳐 주는 일을 했는데, 그녀는 훗날 말하기를 '수천 명에 달하는 외롭고 상심한 남녀들'이 상담을 받으러 왔으며, 사랑에 상처받거나 불행한 결혼에 지쳐서 조언을 구했다고 한다. 그러다 보니 그녀는 결혼이 모든 악의 근원이라 믿었고, 자유연애를 강하게 지지하게 되었다. 그녀는 자유연애란 일부일처식 로맨틱 관계를 자유로이 넘나들 수 있는 능력이라고 정의했는데, 법에는 사랑이 설 자리가 없고, 결혼과 이혼에 있어 남성이 전적으로 유리한 제도권 안에서 사랑은 있을 수 없다고 주장했다.

1871년, 우드헐이 여성으로서는 미국 최초로 대선에 출마하기 한 해 전 그녀는 뉴욕시 스타인 홀 안의 3천 명 청중 앞에서 이 주제로 연설했다. 그녀가 밝힌 자유연애의 법칙은 다음과 같다.

"내 의지대로 할 수 없는 사랑은 내 사랑이 아니에요. 사랑 때문에 혼란스러워해도 안 되지요. 기혼자의 반려자를 탐해서도 안 됩니다. 그럴 바에야 나는 내 문과 창문을 활짝 열어 둘 거예요. 자기 일을 소중히 여기며 몰두하다 보면 내 거부할 수 없는 매력에 끌려 최고의 상대가 반드시 내게 다가올 테니까요."

마치 최면이나 걸듯 우드헐은 청중을 압도했지만, 모든 이의 동조를 얻을 수는 없었다. 누군가가 그녀를 비판하자, 그녀는 옷깃에 꽂았던 흰 장미를 잡아 뜯어 바닥에 던지며 선언했다.

"그래요. 나는 자유연애주의자예요."

사회적 자유의 원칙
1871년

The Principles of Social Freedom

자연이 이미 결정한 일을 법이 바꿀 수는 없어요. 법이 명한다고 사랑이 따를 리 없고, 법이 두 사람에게 사랑하라고 강요할 수도 없지요. 법은 사랑과 무관하며, 사랑이 없는 것과도 상관없어요.

사랑은 법보다 우월합니다. 증오, 무관심, 혐오를 비롯해 남녀에게 일어나는 모든 다른 감정도 마찬가지예요.

만약 사랑이 결혼과 어떤 식으로든 관련이 있다면, 법은 사랑과 무관합니다. 반대로, 법이 결혼과 어떤 식으로든 관련이 있다면, 사랑은 결혼과 무관합니다.

이 추론에 맹점은 없습니다.

이 두 명제 중 어느 쪽이 옳은지 결정하려고 개인의 권리를 시험한다면 어떤 결과가 나올까요?

한 남자와 한 여자가 만나 본능적으로 서로에게 이끌리죠. 어느 한쪽도 통제할 수 없는, 무의식적으로 솟아오르는 자연스러운 감정으로 이런 현상이 나타나는데, 우리는 이런 감정을 사랑이라고 부릅니다.

사랑은 두 사람 간의 일이며, 다른 누구도 그들의 사랑에 대해 '옳다, 좋다 혹은 그르다'로 말할 권리가 없어요. 둘 이외의 다른 누구도 그들을 간섭할 권리가 없으며, 둘의 사랑에 다른 이들을 모두 배제하는 것이 서로 사랑하는 두 사람의 의무지요. 누구도 대신 사랑해 줄 수 없고, 왜 상대가 사랑하는지 결정할 수도 없어요.

사랑이란 헌법이나 법률보다 위에 있는 권리예요. 헌법이나 법률이 주거나 뺏을 수 없으며, 헌법이나 법률과 전혀 상관없지요. 사랑은 본질적으로 헌법이나 법률과 관련 없이 독립적으로 존재하는데 감정이란 오가는 속성을 지녔기 때문이랍니다.

그러니 국가는 사랑하지 말라고 결정하거나, 어떻게 사랑할지 결정하거나, 사랑한다는 결정에 간섭하지 않아야 해요. 말하고 생각할 권리 행사를 간섭하거나 아예 생각이란 걸 하지 말라고 막는 편이 차라리 더 쉬울 테니까요.

제 주장이 불편하다며 저를 비난하는 사람들에게 저는 이렇게 말할래요.

그래요, 나는 자유연애주의자예요. 내게는 상대가 누구든, 그 상대를 길게 짧게 혹은 얼마 동안이든 사랑할 권리가, 양도 불가능한 헌법상의 권리이자 타고난 권리가 있어요. 그러니 나는 내가 원하면 그 사랑을 매일 바꿀 것이고, 당신들이나 당신들이 정하는 어떤 법도 나를 간섭할 권리가 없어요.

사라 위네무카

저자 · 교육자

Sarah Winnemucca
Author and Eductor

66

I ask you for my people to restore us and put us I do not care where as long as it is in our own home.

우리 부족을 대표하여 간청합니다.
부디 우리를 보내 주세요. 우리의 집이 있는 곳이라면,
우리가 태어난 곳이라면 어디든 상관없습니다.

99

Sarah Winnemucca

사 라 위네무카는 1884년 미국 의회 산하 미국 원주민 위원회에 출석하여 의회 연설을 한 최초의 원주민 여성이다. 그리고 그곳에서 한 위네무카의 연설은 그녀가 속한 북부 파이우트족의 입장을 쭉 대변해 온 그녀의 세월을 기반으로 하고 있다. 1878년, 배넉 전쟁 동안 사라는 미 군대와 배넉족을 오가며 서로의 메시지를 전달하는 통역사로 활동했다. 하지만 전쟁이 끝나자, 위네무카와 그녀의 부족은 거칠고 황량한 야마카 보호구역으로 내몰렸다. 일부 북부 파이우트족이 전쟁에 참여했다는 사실 때문에 정부의 보복성 조치가 이루어진 것이다.

현재는 워싱턴인 야마카 보호구역에서 지내는 동안 파이우트족은 질병, 기아, 자원 부족에 시달렸으며, 위네무카는 이 문제를 해결하기 위해 의회에 청원을 넣었다. 첫 번째 청원은 받아들여지지 않았지만, 두 번째는 성공해 그녀는 1884년에 의회 출석을 할 수 있었다. 그녀는 의회 연설을 통해 자기 부족에게 자유를 달라고 호소했다.

위네무카는 타고난 웅변가였다. 의회에 청원하기 전, 그녀는 미 동부 해안의 여러 곳을 순회하며 연설을 했던 차였다. 그리고 몇 해 전에도 자신의 아버지와 함께 파이우트족의 고난에 대해 극적인 연설을 했다. 이 연설에서 사라는 자신을 '인디언 공주'로 소개했는데, 그녀가 한 연설 내용의 일부는 미 원주민 여성으로는 최초로 쓴 그녀의 자서전, 『파이우트족과 함께하는 삶: 이들의 억울함과 요구』에서도 볼 수 있다.

누구나 인정하듯, 위네무카는 청중을 매료하는 연설가였다. 1879년, 위네무카의 연설을 들은 한 기자는 그녀를 이렇게 평했다.

'위네무카의 연설은 문명화된 세계에서 들어 본 어떤 강연과도 달랐다. 유려한 달변 속에 비극적이고 애달픈 정서가 실려 있어 듣는 이의 마음을 뒤흔든다. 청중에게 실로 신기한 일화들을 들려주면서도 그녀는 냉소적 태도를 견지했다. 하지만 그 태도와 대조되는 천연덕스러운 흉내 내기가 나올 때마다 청중은 웃음꽃을 피웠고, 열광적으로 손뼉을 쳤다.'

원주민 위원회 연설
1884년

Indian Affairs Statement

"오백 명의 파이우트족을 책임지고 이끌어 블루 마운틴을 가로질러 컬럼비아강을 건너 야카마 보호구역으로 가시오."

미 대통령이 이 명령을 12월에 내렸습니다. 당시 겨울이 얼마나 혹독했는지 한번 상상해 보십시오. 이동할 상황이 아니라고 간절히 호소했지만, 미 정부는 강경했습니다.

우리를 호송할 백인 군인들은 좋은 버펄로 가죽으로 만든 신발과 외투를 갖추었지만, 우리 부족의 처지는 완전히 달랐지요. 우리는 빈궁하기 짝이 없어 옷도 담요도 버펄로 외투도, 따뜻하게 몸을 감쌀 어떤 것도 없었습니다. 우리는 버펄로를 사냥하는 부족이 아니었으니까요. 우리는 세찬 눈보라를 헤치며 보호구역으로 이동했습니다. 어린아이들을 등에 업어야 해서 이동이 더딜 수밖에 없었지요.

우리가 야영 텐트를 치면 여인들이 곳곳에서 통곡하며 모여들었습니다. 그러면 백인 몇몇이 여인들을 흉내 내며 조롱했지요. 하지만 여인들은 추워서 운 게 아니었어요. 추위에는 이미 익숙해져 있었으니까요. 아

Sarah Winnemucca

파서 운 것도 아니었어요. 이미 고생이란 고생은 다 했으니까요. 여인들이 운 건 아이들이 얼어 죽은 줄도 모르고 안고 왔기 때문이었어요.

우리 부족의 시체는 컬럼비아강부터 야카마 보호구역으로 가는 길에 버려졌지요. 천신만고 끝에 보호구역에 도착하자, 군인들은 우리를 또 다른 감독관에게 넘겼습니다. 비록 보호구역에 도착했지만, 우리 부족의 많은 이가 떼죽음을 맞은 짐승처럼 비참하게 죽어야 했어요.

그래서 그다음 해에 저는 워싱턴으로 왔습니다. 샌프란시스코에서 저는 아버지와 함께 우리 부족의 참상에 대해 연설했고, 덕분에 대통령 각하도 뵐 수 있었지요. 제 아버지는 미 정부가 우리에게 약속한 보호구역을 돌려 달라고 탄원하며 이리 말씀하셨지요. '나는 아무 짓도 하지 않았습니다. 우리 부족은 아무 짓도 하지 않았습니다. 수많은 백인의 목숨을 구한 우리가 왜 사방으로 뿔뿔이 흩어져 이런 고난을 받아야 합니까.'라고요. 저 또한 아버지가 그러셨듯 간절히 탄원하려 합니다.

여러분도 아시다시피 우리는 돌아갈 수 없습니다. 미 정부가 허락하지 않으니 갈 수가 없습니다. 사나운 사자가 몸을 도사린 채 그곳에 발을 들이는 모든 것에 날카로운 이빨을 박으려고 드는데 우리가 어찌 감히 그런 시도를 할 수 있단 말입니까!

우리 부족을 대표하여 간청합니다. 부디 우리를 보내 주세요. 우리의 집이 있는 곳이라면, 우리가 태어난 곳이라면 어디든 상관없습니다. 제발 그곳으로 우리를 보내 주세요. 이것이 저와 제 부족이 바라는 전부입니다.

Sarah Winnemucca

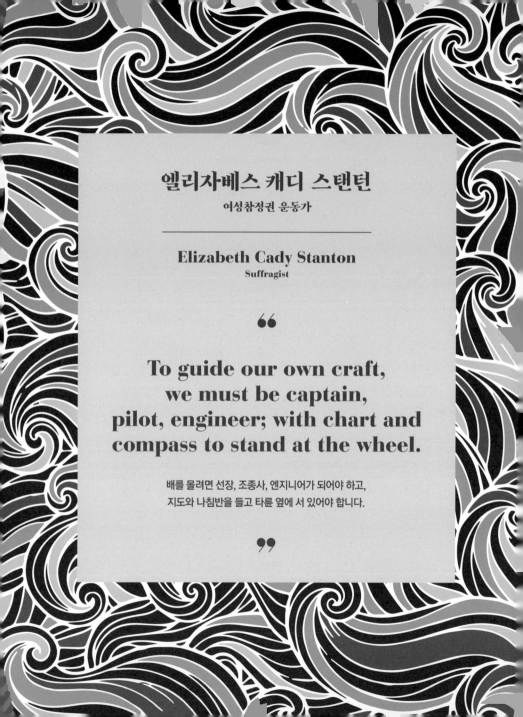

엘리자베스 캐디 스탠턴

여성참정권 운동가

Elizabeth Cady Stanton

Suffragist

66

To guide our own craft, we must be captain, pilot, engineer; with chart and compass to stand at the wheel.

배를 몰려면 선장, 조종사, 엔지니어가 되어야 하고,
지도와 나침반을 들고 타륜 옆에 서 있어야 합니다.

99

Elizabeth Cady Stanton

18

92년, 70대 후반에 접어든 엘리자베스 캐디 스탠턴은 사임 연설을 했다. 「자아의 고독」으로 알려진 이 연설은 여성 인권을 위해 공적 영역에서 평생을 투쟁한 한 인간의 삶이 얼마나 묵직한지를 보여 주는 명연설이다.

거의 반세기 전인 1848년, 스탠턴은 「여성 유감 선언」을 뉴욕에서 열린 세니커폴스대회, 후대 사람들이 미국 여성 인권 운동의 발상지라고 부르는 곳에서 발표했다. 「여성 유감 선언」을 통해 스탠턴은 여성의 재산권 인정, 남성에게만 유리한 이혼법 개정, 여성의 참정권 등을 요구했다. 그리고 「독립선언문」의 표현들을 빌려 이렇게 말했다.

"다음과 같은 사실을 자명한 진리로 받아들인다. 모든 남성과 여성은 동등하게 태어났다."

스탠턴은 협력자인 수잔 B. 앤서니와 함께 연설하고 집필했으며 여성 단체를 조직하여 50년 동안 길 위에서 투쟁했다. 금주 운동과 차별 철폐를 위한 투쟁으로도 유명하지만, 그녀의 가장 위대한 업적은 초기 여성운동을 조직화

했다는 데에 있다.

앤서니보다 세상을 보는 눈이 넓었던 스탠턴은 단지 투표권 획득에만 여성운동의 목표를 두지 않았다. 그녀는 사회 전반에 평등이 고르게 적용되기를 열망했다. 전미여성참정권자협회 회장직을 사임하며 한 연설 「자아의 고독」에도 스탠턴의 생각은 잘 나타나 있는데, 그녀는 사회에서 여성의 위치가 어떠해야 하는지에 대해 그녀가 평생 생각해 온 바를 감동적으로 청중에게 전달했다.

스탠턴이 생각하는 여성은 모험심이 넘치고, 독립적이며, 자신의 양심을 지키고, 최악의 상황에서도 흔들림 없이 자신의 영혼을 굳건하게 책임지는 존재이다. 비록 살아생전 미국 여성들이 투표권을 얻는 것1920년 을 보지 못했지만, 스탠턴의 연설은 여성에 대한 현대적인 이해의 초석을 다졌고, 페미니스트 사고에 있어 새로운 시대의 도래를 이끌었다. 유려하고 시적이며 감동적인 스탠턴의 말들은 그렇게 날개를 달고 비상하는 언어가 되었다.

자아의 고독
1892년

The Solitude of Self

여성에게는 다음과 같은 기회가 반드시 주어져야 합니다.

몸과 마음의 힘을 온전히 계발할 수 있도록 고등교육을 받을 기회.

자유로이 사고하고 행동할 수 있는 최대치의 자유를 누릴 기회.

관습, 의존, 미신 등의 모든 속박에서 해방될 기회,

두려움으로 위축되는 상태에서 벗어날 기회.

제가 이렇게 주장하는 가장 큰 이유는 바로 고독, 그 오롯함 때문이며 여성 또한 자기 개인의 삶에 책임을 져야 하는 탓입니다.

현 정부에게 우리의 목소리를 달라고 요구하는 이유도 그래서입니다. 여성에게도 자기 주권은 타고난 권리입니다. 그리고 자신에게 의존해야 합니다. 남성에게 의존하고 보호받고 지원받기를 바라는 여성이 얼마나 있는지, 여성이 그러기 바란다고 생각하는 남성이 얼마나 많은지는 중요하지 않습니다. 여성은 삶이라는 여정에서 홀로 항해해야 하는 존재입니다. 응급 상황이 발생했을 때 자신을 지키려면 당연히 항해의 법칙을 배

Elizabeth Cady Stanton

워야 하지요. 배를 몰려면 선장, 조종사, 엔지니어가 되어야 하고, 지도와 나침반을 들고 타륜 옆에 서 있어야 하며, 바람과 파도를 살펴 언제 돛을 접을지 알아야 하며, 밤하늘의 별자리를 읽을 줄 알아야 합니다. 홀로 여행하는 이의 성별은 이쯤에서는 이미 논할 가치조차 사라질 수밖에 없습니다.

자연은 남녀 모두에게 평등하게 재능을 부여했습니다. 그리고 인간이 위험한 지경에 빠지더라도 도움의 손길을 내밀지 않지요. 신은 지식과 판단력을 이용해 직면한 난관을 헤치며 고군분투하는 것을 그저 지켜볼 따름입니다. 이를 극복하지 못한다면 남녀에 상관없이 죽어갈 수밖에 없습니다.

모든 인간의 영혼을 독립적인 행위에 맞게 다듬는 일이 얼마나 중요한지 제대로 알고 싶다면, 가늠할 수 없는 영혼의 고독에 대해 잠시 생각해 보십시오. 우리는 우리보다 앞서 사라진 모든 이들처럼 세상에 혼자 옵니다. 그리고 우리에게만 고유한 상황 속에서 세상을 혼자 떠납니다. 어떤 인간도 그 영혼이 삶의 바다를 갓 항해하게 되었을 때와 같은 적이 없고 절대로 같지도 않을 것입니다.

여성이 시간과 영원에 깃든 즐거움과 슬픔을 남성과 마찬가지로 공유한다고 본다면, '남성의 지력이 더 뛰어나니 투표함과 은혜의 권좌에서 여성을 대신하겠다, 여성 대신 투표를 해 주겠다, 교회에서 대신 기도하겠다, 가족의 제단에서 대제사장 지위를 맡겠다' 등은 어불성설입니다.

남성이 삶의 거친 폭풍에서 여자를 보호해 준다는 말 또한 조롱에 불과합니다. 남성이 지금 다른 남성을 짓밟듯 곳곳에서 여성을 짓밟고 있는데 어찌 그 말을 진심으로 받아들일 수 있을까요?

남성들이 이렇게 된 이유는 그들이 자신만 지키도록, 싸우도록, 정복하도록 교육받은 탓입니다. 이는 우리 모두에게 심각한 문제를 초래할 수 있습니다.

남성에게는 보호하는 힘이 있다고 떠들어 봤자, 막상 위험이 닥치면 아무짝에도 소용없습니다. 일단 끔찍한 상황이 닥치면 여성은 남성이 있어도 홀로 마주할 수밖에 없습니다. 죽음의 신이 여자라고 더 편한 길로 인도하지는 않으니 말입니다.

삶에 있어 남성의 사랑과 연민은 우리 삶에 비치는 햇살의 아주 작은 부분일 뿐입니다.

가늠할 수 없는 영원과 우리를 이어 주는 그 엄숙한 자아의 고독 속에서 각각의 영혼은 영원히 홀로 살 뿐입니다. 그리고 각자의 삶도 마찬가지입니다.

묻습니다.

대체 누가 다른 영혼의 권리와 의무와 책임을 대신 떠맡을 수 있단 말입니까! 아니, 어찌 감히 떠맡을 수 있습니까?"

Elizabeth Cady Stanton

매리 처치 터렐

시민운동가·여성참정권 운동가

Mary Church Terrell
Civil Rights Activist and Suffragist

> **The chasm between the principles upon which this Government was founded, in which it still professes to believe, and those which are daily practiced under the protection of the flag, yawns so wide and deep.**

이것은 이 나라 정부의 근간인 원칙들 사이에 깊은 골이 있는 탓입니다.
그런데도 이 나라의 깃발 아래 그 원칙들을 시행하는 위정자들은 여전히 이 원칙들을 믿고
수호한다고 말로만 외칠 뿐 하릴없이 기지개만 켜며 늘어져 있습니다.
실로 한심한 노릇이 아닐 수 없습니다.

Mary Church Terrell

매리 처치 터렐은 1906년 워싱턴 D.C.의 한 여성 클럽에서 「합중국의 수도에서 유색인종으로 산다는 것은」이라는 신랄한 연설을 통해 자유라는 미국의 이상과 짐 크로 법 Jim Crow laws [3]이라는 가혹한 현실 사이의 간극을 비판했다.

1906년 당시, 아프리카계 미국인인 터렐은 자신이 사는 도시에서 백인과 같은 식당에서 식사할 수 없었고, 같은 차를 탈 수 없었고, 같은 호텔에서 머물 수도 없었다.

터렐은 연설에서 이렇게 말했다.

"유색인종 여성인 제가 밤에 워싱턴에 들어온다면 저는 그 순간 낯선 나라에 발을 내딛는 이방인 신세가 됩니다. 몇 마일을 걸으며 헤매도 묵을 곳을 찾을 수 없으니 말입니다."

연설할 당시 터렐은 언어 교사와 컬럼비아교육위원회 의원을 겸직하며 워싱턴에서만 10년 넘게 살고 있었다. 그리고 1888년 오벌린대학에서 석사학위를 받은 고학력자였기에 독일어, 프랑스어로 연설하여 해외에서도 열광적 반응을 끌어냈다.

1896년, 터렐은 새롭게 결성된 전미유색인종협회 National Association of Colored Women 회장으로 선출되었다. 그러나 그녀는 여전히 뿌리 깊은 인종차별에 시달리고 있었다.

"백인 여성들에게 허락된 수없이 많은 직업 중 어느 하나도 유색인종인 제가 가지기란 불가능합니다. 백인 고용주들은 제가 얼마나 유의미한 지적 성취를 이루었는지, 피고용인의 유능함이 일에 있어 얼마나 중요한지 아무런 관심이 없기 때문이지요. 그저 저를 본 순간 제 눈앞에서 문을 닫아 버립니다."

터렐의 투쟁은 일평생 이어졌다. 1950년, 80대에 접어들었음에도 그녀는 노구를 이끈 채 워싱턴 안의 식당에서 시행되는 인종 분리 정책을 폐지하기 위한 최초의 연좌 농성을 조직하는 것을 돕기까지 했으니 그녀의 열정이 어떠했는지 익히 짐작할 수 있다. 1954년, 터렐은 미 대법원이 미국 공립학교의 인종 분리를 위헌이라 하는 것을 지켜보며 눈을 감았다.

---

3 공공장소에서 흑인과 백인의 분리와 차별을 규정한 미국의 법

합중국의 수도에서 유색인종으로 산다는 것은

1906년

What It Means to be Colored in the Capital of the United States

워싱턴 D.C.는 '유색인종의 천국'으로 불리지만, 이 별명의 유래는 알려지지 않았습니다. 워싱턴에 살면서 박해와 묵시를 부단히 겪어 온 한 유색인종이 역설적 의미를 담아 붙인 별명일 수도 있고, 남북전쟁이 끝났을 당시 채찍을 휘두르는 감독관이 없이 거리를 활보하는 유색인종을 생전 처음 본 전직 남부 출신 농장주가 개탄하며 한 말일지도 모르지요.

사실 저는 이렇게 말하고 싶네요. '유색인종의 천국'이라는 별명만큼 워싱턴과 안 어울리는 별명은 세상 어디에도 없다고요.

유색인종 여성인 제가 의사당에서 백악관까지 걸을라치면, 저는 식사를 사 먹고도 남을 만큼 넉넉히 돈이 있어도 쫄쫄 굶으며 걸어가야 합니다. 백인이 경영하는 식당은 결코 제게 음식을 팔지 않을 테니까요. 설사 있다 해도 차단막 뒤에 앉아 먹어야 합니다.

여러분, 참으로 우습지 않습니까? 어찌 이런 일이 있을 수 있을까요? 이 나라가 인간이 자유를 깊이 사랑했기에 존립하며, 모든 이에게 평등한 기회가 있음을 천명하는 일에 이 나라의 존재 가치가 있는데 말입니다. 전차를 타도 유색인종은 짐 크로 구역에 몰려 앉지 않고서는 국부의 무덤을 방문할 수 없습니다. 이런 굴욕을 받아들일 수 없다고 거부하면 투옥되고 버지니아 법을 어겼다는 이유로 벌금을 내야 합니다. 아무리 똑똑하고 부유한 유색인종이라 해도 예외란 없습니다.

예, 저도 압니다. 미국의 백인이 아무리 동정심이 많고 마음이 넓다고 해도 자기의 기득권이 갑자기 사라진다면 당황할 거라는 사실을요. 어떻게 살아야 할지 알 수 없어져 혼란스러울 겁니다. 하지만 수많은 유색인종 젊은이가 방황하고 파멸하는 이유가 무엇인지 생각해 보십시오. 기득권의 결핍은 결국 우리를 그 거대한 그림자의 그늘 속에서만 살아가게 할 텐데 그런 사회가 과연 바람직할까요?

피부 색깔만으로 사람을 억압하고 박해하는 일이 이리 극성맞고 끔찍하게 자행되는 곳은 이 세상에서 오로지 미합중국뿐입니다. 이것은 이 나라 정부의 근간인 원칙들 사이에 깊은 골이 있는 탓입니다. 그런데도 이 나라의 깃발 아래 그 원칙들을 시행하는 위정자들은 여전히 이 원칙들을 믿고 수호한다고 말로만 외칠 뿐 하릴없이 기지개만 켜며 늘어져 있습니다. 실로 한심한 노릇이 아닐 수 없습니다.

아이다 B. 웰스

언론인·시민운동가

Ida B. Wells

Journalist and Civil Rights Activist

66

'With malice toward none but with charity for all' let us undertake the work of making the 'law of the land' effective and supreme upon every foot of American soil.

모든 이에게 적의가 아닌 긍휼을 품으십시오.
그리고 이 '국가의 법'이 미국의 땅 구석구석에서
실행되고 존중받도록 힘을 합쳐 주십시오.

99

Ida B. Wells

탐사 취재의 선구자 아이다 B. 웰스는 미국 내 흑인 남성들에게 가하는 집단 폭력과 린치가 얼마나 만연한지를 다룬 신랄한 기사를 연속으로 써서 미 전역을 흔들었다. 남북전쟁이 끝나기 전, 노예로 태어났던 웰스는 테네시주 멤피스에서 『더 프리 스피치』지의 운영을 도왔고, 작가이자 편집자로 뛰어난 역량을 보이며 일했다.

그녀는 1890년대에 일어난 몇몇 유명한 살인 사건을 두고 린치에 반대하는 사설도 기고했는데, 그때 격분한 독자들이 몰려와 웰스의 신문사를 파괴했다. 결국, 그녀는 남부에서 달아나야 했다. 하지만 웰스는 뉴욕으로 건너가 폭로성 소책자 『남부의 공포: 각종 린치법』을 출판했다. 그리고 '지금껏 취재한 참상들을 이 책을 통해 폭로하는 일이 전혀 기쁘지 않다'라고 서문에 썼다.

"아프리카계 미국인들은 그들이 죄를 지은 경우보다는 다른 이들의 죄의 대상이 된 경우가 더 많다는 사실을 누군가는 밝혀야 한다. 그리고 그 일은 내게 주어진 일 같다."

1909년, 뉴욕전미흑인대회 초기 아프리카계 미국인 운동 단체 에서 웰스는 기록 조사와 수십 개의 인터뷰를 통해 찾아낸 사실을 연설에서 발표했다. 그녀는 정확하고 구체적인 통계 자료를 제시하며 남부에서 린치를 정당화하는 데 사용한 통념 ―혼혈아가 태어나고 백인 여성이 성폭력을 당한다― 을 깼다.

"지난 25년간 자행된 린치의 기록을 미국 시민들은 주의 깊게 연구할 필요가 있습니다."

이렇게 그녀는 말문을 열었다.

"이 기록은 세 가지 분명한 사실을 보여 줍니다. 첫째, 린치는 흑인을 차별하는 살인입니다. 둘째, 흑인이 여성에게 저지른다는 범죄는 변명일 뿐 원인이 아닙니다. 셋째, 이것은 국가적 범죄이기에 국가적 해법이 필요합니다."

웰스는 다른 이들의 목소리를 키우는 데에 자신의 목소리를 꾸준히 높여 전미흑인지위향상협회 NAACP: National Association for the Advancement of Colored People 창립에 일조했고, 1931년에 사망할 때까지 아프리카계 미국인들의 강력한 대변인 역할을 맡았다.

이 끔찍한 학살
1909년

This Awful Slaughter

어째서 기독교 국가가 폭도의 살인 행위를 묵과할까요? 이 끔찍한 학살의 원인이 무엇일까요?

그러면 누군가는 이리 대답합니다.

"여성들을 보호하려면 검둥이 놈들에게 린치를 가해야 해."

이건 정말이지 말도 안 되는 거짓입니다.

셔터퀴하계문화교육학교 조회에서 린치의 대가이자 옹호자인 존 템플 그레이브스는 이렇게 말했습니다.

"KKK단은 오늘날 전 세계를 격분시키고도 남는, 그리고 흑인종 전부를 멸절시킬 명분이 되고도 남는 범죄의 사육제에서 남부 여성을 지키는 방어벽 역할을 하고 있습니다."

이는 린치를 가하는 자들과 그 옹호자들이 변함없이 하는 말이지요. 하지만 이들은 이게 사실이 아님을 모두 알고 있습니다.

Ida B. Wells

해법은 있을까요? 해외와 국내에서 국가를 수호하는 우리 국민을 보호할 능력이 없다는 고백을 국가가 과연 할까요? 많은 이가 린치를 없애려는 해법을 제시해 왔고, 수많은 탄원이 이어졌지만, 남자와 여자 그리고 아동 학살은 여전히 자행되고 있습니다. 유일한 해법은 법에 호소하는 것뿐입니다. 법을 어기는 이들에게 인간의 생명이 신성하다는 사실을 깨우치게 해 주어야 합니다.

숱하게 조언을 구하다가 저는 한 가지 결론에 도달했습니다. 무고한 남성, 여성 그리고 아동 학살로 야기된 심각한 문제의 해결법은 법을 준수하며 사는 올바른 시민들의 합의에 있다는 것을요.

나라를 사랑하고 법을 준수하는 우리 시민이 이제 나설 때입니다. 범죄를 신속하게, 공정하게 그리고 법의 적법한 절차에 따라 처벌하자는 정의로운 합의에, 폭도들이 횡행하지 않도록 생명과 자유와 사유재산을 안전하게 지키자는 용감한 합의에 우리 모두 나서야 합니다.

린치의 양상은 이제 전국으로 퍼지고 있습니다. 이는 이 나라의 법을 조롱하고 기독교적 정신을 모욕하는 무도한 행위입니다.

모든 이에게 적의가 아닌 긍휼을 품으십시오. 그리고 이 '국가의 법'이 미국의 땅 구석구석에서 실행되고 존중받도록 힘을 합쳐 주십시오.

이 작업은 무고한 이들을 지키는 방패이자, 범법자를 신속하고 분명하게 처벌할 수 있는 수단이 될 것입니다.

마르키에비츠 백작 부인

여성참정권 운동가·정치가

Countess Markievicz
Suffragette and Politician

It is there, and if you cannot find it for yourself, no one can find it for you.

반드시 스스로 설 자리를 찾아야 합니다.
다른 누구도 그 자리를 대신 찾아 줄 수 없습니다.

99

Countess Markievicz

여성참정권 운동가 콘스탄스 마르키에비츠는 마르키에비츠 백작 부인으로 알려진 아일랜드의 혁명가이다. 1918년, 마르키에비츠가 여성 최초로 영국 하원의원에 당선되었을 때 그녀는 런던의 홀러웨이 감옥에서 반영국 활동이라는 죄목으로 수감 중이었다. 투옥된 것이 이때가 처음도 아니었다. 2년 전에도 그녀는 폭력이 난무했던 1916년 부활절 봉기에 참여한 혐의로 사형 선고를 받았고, 다행히 종신형으로 감형되었다 ─ 그녀의 말에 따르면, 여자라는 점이 참작되었다고 한다 ─. 하지만 감옥에 갇혀 있지 않았어도 ─ 이후 그녀는 봉기 지도자에 대한 일반 사면 대상이 되어 풀려나긴 했다 ─ 그녀는 하원의원 자리를 받아들이지 않았을 것이다. 마르키에비츠는 아일랜드의 독립에 헌신했기에 영국 왕에게 충성을 맹세하는 자리에 설 리 없었을 테니 말이다. 대신 마르키에비츠와 다른 당원들은 더블린에 대안 의회를 설립했고, 이곳은 이후 아일랜드 내전과 수십 년에 걸친 독립운동을 위한 발판이 되었다.

1909년, 마르키에비츠는 더블린아일랜드학생문인협회에서 「여성, 이상 그리고 민족」이라는 제목으로 강연했다. 마르키에비츠는 연설을 들으러 모인 젊은 여성들에게 민족과 자기희생이라는 이상에 대해 연설하면서 아일랜드산 물건을 구매하고 아일랜드 교육을 지지하고, 필요하다면 몸소 나서 아일랜드를 지키라고 촉구했다. 아일랜드 여성들이 정치 문제에 적극적이지 않던 시기에 조국을 위해 나서라고 고무하다니 실로 주목할 만한 행적이 아닐 수 없다. 총기 사용을 두려워하지 않은 성정에서 알 수 있듯 강인했던 마르키에비츠는 여성이 나라에 봉사하는 길은 오로지 자기 가정을 잘 꾸리는 데 있다는 생각을 '한물갔다'라고 했으며, 공적인 모든 영역에서 여성이 더 큰 역할을 해야 한다고 강력히 주장했다.

여성, 이상 그리고 민족
1909년

Women, Ideals and the Nation

내 조국 아일랜드는 이 아일랜드의 삶을 건설하는 데 당신의 딸들이 힘을 보태기를 바랍니다.

신선하고 맑은 가치관과 젊은 에너지를 지녔음에도 비범한 아일랜드의 딸들은 너무도 오랫동안 가정이라는 울타리 속에 숨겨져 있었습니다. 지금이라도 늦지 않았습니다. 이들을 불러내고 조직하십시오. 그러면 곧 볼 수 있을 겁니다. 민족의 대의를 위해 기꺼이 몸을 던질 준비가 된 새롭고 엄청난 군대가 생기는 것을!

여성이 나라에 봉사하는 길은 오로지 자기 가정을 잘 꾸리는 데에만 있다는 생각은 이미 한물갔습니다. 이제는 때가 되었습니다. 책임은 여러분들의 것입니다. 여러분 자신 외에는 그 누구도 여러분을 도울 수 없습니다. 시민이기 전에 여성으로 먼저 보는 세상의 낡은 인식을 여러분 스스로 바꾸어야 합니다. 여러분 각각은 발굴되기를 기다리고 있는 틈새이고, 이것이 이 나라에서 여러분의 위치입니다. 그러니 도전하십시오. 지

Countess Markievicz

도자가 될 수도 있고, 단순한 추종자가 될 수도 있고, 정당에 가입할 수 있고, 스스로 정당을 만들 수도 있습니다. 하지만 반드시 스스로 설 자리를 찾아야 합니다. 다른 누구도 그 자리를 대신 찾아 줄 수 없습니다.

끝으로 젊은 아일랜드의 딸들이 부디 기억해 주었으면 하는 몇 가지를 정리해 말씀드리겠습니다.

그대들이 아일랜드인임을 잊지 마십시오. 정복자 영국의 속국이 아닌 독립국 아일랜드의 자랑스러운 국민임을 부디 기억하십시오.

그대들의 고유함을 결연히 유지하고, 그대들을 스스로 구원하십시오.

육체는 민족의 대의를 위해 싸울 무기로, 영혼은 자유로운 사상으로, 정신은 아일랜드의 역사와 순교자, 아일랜드의 언어와 예술, 산업에 대한 기억으로 단단히 무장하십시오.

마지막으로 조국을 위해 몸 바쳐 싸우라는 부름이 있을 때 절대로 회피하지 마십시오.

삶과 자유를 갈구하는 제 열정이 여기 모인 아일랜드의 딸들에게로 퍼지기를, 그리고 그대들이 아일랜드의 독립을 가져올 잔 다르크로 분연히 화하기를 간절히 기원해 봅니다.

마리 퀴리

물리학자 · 화학자

Marie Curie
Physicist and Chemist

"

Discoveries followed each other in rapid succession, and it was obvious that a new science was in course of development.

새로운 발견들이 앞다투어 이어졌으며
그 결과 새로운 과학이 발전했습니다.

"

Marie Curie

1911년 마리 퀴리는 노벨 화학상을 받았으며 세계 최초로 노벨상을 두 번 수상한 사람이 되었다. 하지만 시상식에 참석하기 위해 스톡홀름으로 갈 때 추문이 일어났다. 노벨 물리학상을 공동 수상했던 실험실 동료이자 남편인 피에르 퀴리는 두 번째로 노벨상을 받기 5년 전에 마차 사고로 죽고 없었다. 이후 마리 퀴리는 유부남인 폴 랑주뱅과 사귀었는데, 프랑스 언론은 퀴리를 가만히 내버려 두지 않았다.

　마리의 노벨상 연설은 라듐과 폴로늄 발견에 대한 것으로 방사능이라는 새로운 분야의 잠재성을 개괄하고 있다. 이 연설은 여러 면에서 선구적이다. 1903년, 퀴리 부부가 앙리 베크렐과 공동 수상을 했을 때는 앙리가 연설했다. 마리는 노벨상을 탄 최초의 여성이었는데에도 연설자로 초빙되지도 못했다. 8년이 지나 단독 수상자가 된 마리는 비로소 연설할 수 있었는데, 마리는 '피에르 퀴리를 추모하며' 노벨상을 받는다고 말하는 동시에 자신의 업적을 명확히 정의했다.

폴란드 출신이지만, 마리는 거의 전 생애를 프랑스에서 살았다. 프랑스에서 방사능 연구를 할 연구소 두 곳을 구했고, 제1차 세계대전 중에 다친 병사들을 돕기 위해 엑스레이 사용법을 알아냈다. 소르본대학에서 여러 해 가르치면서 최초의 여성 강사가 되었고 1995년 사후 60년이 되는 해에는 여성 최초로 파리 판테온에 묻혔다. 딸인 이렌 졸리오퀴리도 1935년 남편 프레데리크 졸리어퀴리와 노벨 화학상을 공동 수상했다.

노벨상 수락 연설: 라듐과 화학의 새로운 개념
1911년

Nobel Lecture: Radium and the New Concepts in Chemistry

15년 전쯤 앙리 베크렐이 우라늄의 방사선을 발견했고, 그로부터 2년 후, 이 현상을 연구하는 와중에 다른 물질들이 추가로 발견되었습니다. 첫 번째 물질은 제가 발견하고 다음 물질은 저와 피에르 퀴리가 함께 발견했지요. 이 연구로 우리는 새로운 원소들, 우라늄의 방사선과 비슷하지만, 훨씬 더 강렬한 방사선을 빨리 발견하게 되었습니다. 그러한 방사선을 방출하는 모든 물질을 저는 '방사성'으로 명명했습니다. 그리고 이러한 방출 속에 드러나는 새로운 속성을 방사능이라 부르기로 했습니다.

새롭고 강력한 방사성 물질, 특히 라듐의 발견 덕분에, 방사능 연구는 놀라운 속도로 발전했습니다. 새로운 발견들이 앞다투어 이어졌으며 그 결과 새로운 과학이 발전했습니다.

여기서 멈추기는커녕 새로운 과학의 발전은 계속될 것이고 앞으로 더욱 발전할 것입니다. 그리고 베크렐의 발견이 있은 지 15년밖에 안 지난

Marie Curie

이 시점에 우리는 물리와 화학 분야와 긴밀히 관련되어 있지만, 별도로 정의되는 분야, 새로운 현상이 빚어내는 새로운 세계와 직면하고 있습니다. 이 분야에서 일반 이론의 관점에서 바라보는 라듐의 중요성은 분명합니다.

이 물질의 발견과 이 물질 분리의 역사는 방사능이 물질의 원자 속성이며 새로운 원소들을 발견하는 수단을 제공한다는 제 가설에 대한 증거가 되고 있습니다. 이 가설은 오늘날 방사능 이론들로 이어졌고, 이 이론들에 따라 우리는 약 30개의 새로운 원소가 존재함을 확실히 예측할 수 있습니다. 기존의 화학적 방법론으로는 이 원소들을 분리할 수도, 특정할 수도 없습니다. 우리는 또한 이 원소들이 원자 단위의 변형을 거친다고 추정하고 있습니다. 그리고 이 이론을 증명하는 직접적 증거는 화학적으로 정의된 원소 라듐에서 화학적으로 정의된 원소 헬륨이 생성된다는 실험 결과에서 찾을 수 있습니다.

이 주제를 이런 각도에서 보면 라듐을 분리하는 일은 방사능 과학이라는 건물을 짓는 초석이라고 말할 수 있습니다. 더구나 라듐은 방사능 연구실에서 가장 유용하고 강력한 도구로 쓰이고 있습니다. 스웨덴과학협회가 올해 저에게 노벨 화학상을 받는 영광을 누리게 해 주신 이유는 이러한 점들을 고려해서라고 믿습니다.

라듐을 여러분에게 새로운 화학 원소로 소개하는 것이 제 임무입니다.

에멀린 팽크허스트

여성참정권 운동가

Emmeline Pankhurst

Suffragette

"

If we win it, this hardest of all fights, then, to be sure, in the future it is going to be made easier for women all over the world to win their fight when their time comes.

세상에서 가장 힘겨운 이 투쟁에서 우리가 승리한다면,
앞으로 세계 곳곳에서는 우리가 지금 하는 것과 같은 투쟁이 속속 일어날 것입니다.
그리고 우리의 승리는 훗날 여성이 또 다른 투쟁에서 훨씬 수월하게
승리를 거둘 수 있는 토대가 되리라 저는 감히 확신합니다.

"

Emmeline Pankhurst

에멀린 팽크허스트가 생각하는 품행 방정한 숙녀란, 흠잡을 데 없는 차림새를 유지하며, 시류를 쫓으며, 호전적 정치에 열광하는 여성이었다. 팽크허스트는 딸 크리스타벨과 함께 1903년에 설립되었으며 여성만으로 이루어진 급진 단체, 여성사회정치연맹WSPU: Women's Social and Political Union을 이끌었다. 기존 여성참정권 운동 단체들의 얌전하기 그지없는 전술에 염증을 느낀 여성사회정치연맹은 타협을 불허하는 전략을 추구했다. 이들은 행진과 거리연설을 했으며, 방화에, 폭탄과 산성 물질 투척까지 서슴지 않았다. 여성사회정치연맹은 창문을 깨고, 그림들을 찢고, 의회 방청석에 앉아 몸을 쇠사슬로 결박했으며, 세금 납부를 거부했다. 연맹 소속의 에밀리 데이비슨은 1913년 엡섬 더비에 있는 왕의 경마장에서 시위하던 중 왕의 마차에 몸을 던져 사망하면서 유명해지기도 했다.

1913년 여성사회정치연맹의 기금을 조성하려고 미국을 방문했을 당시 팽크허스트는 이미 여러 차례 투옥을 겪은 후였다. 당시 캐서린 마샤 호턴 헵번 할리우드 배우 캐서린 헵번의 어머니 이 이끌던 코네티컷여성참정권협회에서 남녀 청중을 대상으로 팽크허스트가 한 긴 연설은 직설적이면서도 냉소적인 자각이 번뜩인다. 그녀는 연설에서 영국의 여성참정권 운동가들이 단식 투쟁을 감행하다 강제로 음식물 섭취를 당했다는 일화를 밝혔으며, 여성을 배제한 혁명이 얼마나 위선적인지도 말했다. 예를 들어서 보스턴 차 사건the Boston Tea Party 당시 남자들이 차는 물에 던져 버리면서 왜 위스키는 버리지 않았느냐고도 물었다. 팽크허스트는 "달걀을 깨지 않고서는 오믈렛을 만들 수 없습니다"라는 말도 했는데 이것으로 우리는 그녀가 폭력이라는 수단에 대해 상당히 현실적으로 접근했음을 알 수 있다.

팽크허스트는 여성운동의 영향력에 대해 고집스러울 정도로 낙관적이었다. "우리가 얼굴에 여성운동가라고 써 붙인 게 아닙니다. 여성은 모든 계급에 속해 있어요. 영국의 친애하는 남성들 또한 현재의 이 흐름을 멈추게 할 방도가 없다는 사실을 익히 알고 있습니다. 여성운동가들을 특정할 수도, 막을 수도 없으니까요."

자유냐, 죽음이냐!
1913년

Freedom or Death

이런 것을 설명한다는 사실이 이상하기는 합니다만, 여성들이 내전을 벌이면 그 내전이 어떠한 양상을 띠는지 설명하기 위해 저는 전투지를 잠시 떠난 군인의 신분으로 이 자리에 섰습니다. 그리고 조국의 법정에서 사회에 전혀 쓸모가 없다는 판결을 받은 사람으로 이 자리에 섰습니다.

우리 여성이 이 내전에서 승리를 거두지 못할 이유란 없습니다. 우리는 영국 정부를 여기까지 끌고 왔으며 이제 영국 정부는 갈림길에 서 있습니다. 영국 정부는 여성들을 몰살하든지, 투표권을 주든지, 둘 중 하나를 선택해야 합니다.

여기 계신 미국 남성분들께 묻습니다. 여러분이 사는 미국에서 여성들을 죽이거나 시민권을 주는 일 중 하나를 선택해야 한다면 여러분은 어느 쪽을 선택하실 겁니까? 저는 누구나 후자를 선택하리라 확신합니다. 여성의 참정권은 반드시 보장되어야 하며 그것만이 이 내전을 종식할 유일한 해법입니다.

Emmeline Pankhurst

미국인들은 혁명을 일으켜 피를 흘리고 생명을 희생해 자유를 쟁취했습니다. 그리고 흑인 노예를 해방하겠노라 결정했을 때에도 생명을 희생해 가며 내전에서 승리했습니다. 그런데 어째서 여성 문제는 젖혀 두셨습니까? 어째서 여성들이 자구책을 마련할 수밖에 없는 지경까지 여성들을 방치하셨습니까?

비단 이것은 미국만의 문제가 아닌 다른 문명국들의 공통적 문제입니다. 우리 영국 여성들은 인간의 생명이 지닌 신성함을 존중해 가며 대사를 도모할 것입니다. 우리의 목표를 위해 다른 생명을 희생시키다니, 그건 있을 수도 없는 일입니다. 그러나 우리 스스로 죽음을 택하지는 않을 것입니다.

그렇게 저는 이 자리에 섰습니다. '고양이와 쥐 법령'[4] 때문에 저는 네 번의 투옥을 반복했습니다. 영국 땅에 발을 디디는 순간 저는 다시 체포되겠지요. 그런데도 제가 이곳에 온 이유는 부디 이 투쟁에서 우리가 승리할 수 있도록 도와달라고 여러분께 요청하기 위함입니다.

세상에서 가장 힘겨운 이 투쟁에서 우리가 승리한다면, 앞으로 세계 곳곳에서는 우리가 지금 하는 것과 같은 투쟁이 속속 일어날 것입니다. 그리고 우리의 승리는 훗날 여성이 또 다른 투쟁에서 훨씬 수월하게 승리를 거둘 수 있는 토대가 되리라 저는 감히 확신합니다.

---

4 1913년 만들어진 영국의 법령으로 투옥 중인 죄수가 지병을 이유로 잠시 감옥에서 나오는 것을 허락한 법령

넬리 매클렁

작가·여성참정권 운동가

Nellie McClung
Author and Suffragist

"

Man was made
for something higher
and holier than voting.

남성은 투표 따위와는 비교도 할 수 없는,
숭고하고 거룩한 일을 해야 합니다.

"

Nellie McClung

19 14년 캐나다의 작가이자 여성참정권 운동가인 넬리 매클렁은 역사에 길이 남을 행사인 풍자극을 개최하기 하루 전, 매니토바주의 수상인 로드먼드 로블린 경의 연설을 참고삼아 들으러 갔다. 투표권을 요구하는 여성들로 가득 찬 의사당에서 로블린은 여성의 상냥한 성정과 모성을 근거로 여성의 참정권 취득을 반대했다. 매클렁은 그 모습을 머릿속에 깊이 새겼고, 자서전에 이렇게 썼다.

'그의 주변에는 자기 말을 들어 주는 사람이 단 한 명도 없었던 듯했다. 나는 그가 하는 모든 동작을 관찰했다. 그가 코트 진동에 엄지손가락을 걸고 어떤 자세를 취하는지, 손가락을 어떻게 배배 꼬는지, 발은 어떤 식으로 까딱거리는지. 그는 내가 서른여섯 시간도 안 지나서 출연할 연극에서 할 연설을 하고 있었다. 아, 어찌나 즐겁던지!'

다음날 밤, 근처 극장에서 매클렁과 매니토바정치평등연대 회원들은 그들이 준비한 연극을 무대에 올렸다. 연극 속에서 그들은 모의 의회를 개최했다. 연극 속 세상에서는 여성들이 정권을 장악하고 있었고 여성들은 '남자도 투표해야 하는가?'라는 시급한 현안에 대해 열띤 논의를 벌였다. 매클렁은 수상 역을 맡았는데, 전날 로블린이 했던 것처럼 짐짓 공손한 척하면서도 상대를 한껏 얕잡아 보는 태도로 능청스럽게 연설했다.

1916년 매니토바주 여성들은 캐나다에서 처음으로 투표권을 쟁취했다. 1921년, 매클렁은 『자줏빛 샘』이라는 소설에서 이렇게 술회했다.

'사람들은 때론 처지가 바뀌어야 농담을 더 잘 이해하는 듯하다.'

남성에게 투표권이라니, 이게 어디 가당키나 하던가!

1914년

Should Men Vote?

남성 대표 여러분!

오늘 여러분을 맞이하게 되어 정말 기쁩니다. 우리는 남성 대표단을 좋아합니다. 그리고 투표권을 달라고 요청하신 것이 처음인데 이번이 마지막 방문이 되지 않기를 바랍니다. 또한, 이 자리에 숙녀처럼 조용히 입장해 주시어 기쁩니다. 하지만 유감스럽게도 저는 여러분의 요청을 들어드릴 수는 없습니다. 남성에게 참정권을 준다는 것은 아름다운 우리 주를 완전한 무절제와 방탕의 세계로 던져 넣는 일과 같기 때문입니다. 들어가는 비용을 생각하면 완벽한 악몽이지요.

잘 모르시는 듯해 말씀드리는데, 지금 여러분은 제게 당신들을 구름 아래 혹은 헛간 아래에 데려다 달라고 요구하고 계십니다. 그러니 솔직하게 말씀드리겠습니다. 아뇨, 저는 그렇게 못하겠습니다. 저는 항상 남성분들을 사랑하고 존경해 왔으므로 그건 절대로 안 될 일입니다.

남성은 투표 따위와는 비교도 할 수 없는, 숭고하고 거룩한 일을 해야 합니다. 이 나라를 지키는 방벽인 가정을 지키도록 지음받은 존재가 바로 남성이니까요. 아버지 없는 가정이 어떻게 되겠습니까? 은행 계좌가 없는 가정은 또 뭐가 되겠습니까? 제가 감히 뭐라고 쟁기질과 써레질이라는 지극히 거룩한 일을 하고 계신 남성분들을 거리 구석으로 불러내 여러분과 관계도 없는 일들을 논할 수 있겠습니까?

미국은 투표 기간이 되면 모든 가정에 이혼 위기가 닥친다고 합니다. 정치가 남성을 불안하게 해 각종 공과금 고지서를 내지 못하고, 가구를 망가뜨리기 때문이지요. 그런데 투표권을 달라고 하시다니요! 저더러 평화롭고 행복한 가정을 무너뜨리고, 순수한 삶을 좌초시키는 죄인이 되라고 하시는 것과 뭐가 다릅니까! 저는 구식 여자라 결혼의 신성함을 믿기에 그럴 수 없습니다.

여러분은 뇌가 소년 사이즈라 정부를 운영하는 일이 어떤 의미인지 이해하기 힘드십니다. 유아용 의자에 앉아 수저로 주석 접시나 두드리는 여러분이 저처럼 정부를 운영하느라 바쁜 여성에게 이래라저래라할 수 있다고 생각하십니까?

비록 여러 번 치욕을 겪었지만, 우리 당은 신의 가호 아래 절대 패배하지 않았습니다. 그러니 오랫동안 이 자리에 남아 이 위대한 당의 유서 깊은 깃발을 자랑스럽게 메는 기수 역할을 제가 계속해야 하지 않겠습니까?

Nellie McClung

유타 보이센묄레르

덴마크여성협회 의장

Jutta Bojsen-Møller
Chairwoman of the Danish Women's Society(1894-1910)

> **Now we rejoice. Now that ray of sunshine has reappeared, and with great force and clarity, now what women and domestic servants have been embraced; now we can indeed sing with truth.**

우리는 기뻐해야 합니다. 처음보다 더 큰 진실을 대동한 채 햇살이 되돌아왔으니까요. 우리는 이제야 사회의 구성원으로서 적합한 자격을 갖추었습니다. 그렇기에 우리는 진실 속에서 이렇게 노래할 수 있습니다.

Jutta Bojsen-Møller

덴마크에서는 지금까지 이백 년이 넘게 국가적으로 중요한 순간을 힘 멜비에르게트산 정상에서 기려 왔다. 그곳에는 큰 떡갈나무가 한 그루 있는데, 1915년 모든 덴마크 여성이 이전에 '박탈된 남성'이었던 자신들에게 투표권을 부여하는 헌법이 제정된 기념으로 심었다. 일흔다섯 살이 되어서야 여성참정권을 획득한 덴마크의 여성참정권 운동가 유타 보이센묄레르는 성인기 대부분을 여성참정권을 위해 헌신했다.

1908년, 덴마크 여성협회의 의장이었던 그녀는 여성들이 지방 선거에서 투표권을 확보하는 데 일조했다. 새로운 헌법이 비준되어 여성들이 총선 투표권을 얻었을 때 그녀는 의회 관람석에서 환호성을 질렀다.

새 헌법이 생긴 다음 날인 1915년 6월 6일, 묄레르는 연설에서 이렇게 말했다.

"새로운 헌법이 생겨 가장 기쁜 이는 아마도 우리 여성일 겁니다. 남성들에게는 그저 헌법을 확대한 일에 지나지 않지만, 우리에게는 이게 전부니까요."

그녀는 또한 노르웨이의 작가 비에른스티에르네 비에른손이 쓴 이야기에 나오는, 작은 나무 수백 그루가 느리지만, 꾸준히 자라 산 전체를 뒤덮는 모습이 참정권을 획득하기 위해 긴 세월 투쟁해 온 여성들의 모습과 비슷하다고 시적으로 표현했다. 그리고 참정권을 지니게 된 여성들은 그 이야기 속 나무와 같으니 지금부터 자신을 돌아보며 성찰하고, 세상의 흐름을 면밀히 살피고, 미래에 대해 계획을 세우라고 권했다.

Jutta Bojsen-Møller

투표권을 획득한 우리의 승리를 기념하며
1915년

Victory for Votes

이제 곧 힘멜비에르게트산 정상에서는 여성에게 남성과 같은 권리가 주어진 어제를 기념하기 위해 우리가 기획한 기념 식수식이 열립니다. 그 아름답고 의미 있는 떡갈나무를 심는 일에 저도 동참하다니, 정말 무한한 영광입니다.

이 순간, 우리는 비에른손의 이야기에 나오는 작은 나무들을 떠올리지 않을 수 없군요. 비록 작은 나무에 불과했지만, 나무들은 산이 내리는 역경을 이겨내며 조금씩 나아갔습니다. 그리고 마침내, 산 전체를 자신들로 뒤덮습니다.

그 작은 나무들과 마찬가지로 여성들은 반세기 동안 역경과 조롱과 모욕을 겪으며 투쟁했습니다. 최악의 조롱과 모욕은 같은 여성들에게서 받았지요. 하지만 목표에 도달할 때까지 우리는 한 걸음씩 발을 떼었고, 쾌거를 거두었습니다. 그렇기에 우리는 그 작은 나무들처럼 외칩니다.

"아, 이것이었구나. 이 벅찬 승리가 우리의 영혼을 드높였구나!"

우리는 기뻐해야 합니다. 처음보다 더 큰 진실을 대동한 채 햇살이 되돌아왔으니까요. 우리는 이제야 사회의 구성원으로서 적합한 자격을 갖추었습니다. 그렇기에 우리는 진실 속에서 이렇게 노래할 수 있습니다. "들판의 푸른 꽃들과 덴마크 여성들은 1915년 6월 5일 오늘, 이 기쁜 날을 기념합니다"라고요.

하지만 벅찬 마음으로 주변을 돌아보는 우리 눈에 들어온 광경은 화염과 공포, 비참함으로 가득한 연옥역자 주- 당시 제1차 세계대전이 발발해 있었다 입니다. 마티아스 클라우디우스는 『반스데커 보테』지의 지면을 빌려 이렇게 탄식했습니다.

'전쟁이여, 전쟁이여, 감사하게도 내 탓은 아니구나.'

예, 감사하게도 우리는 전쟁으로 비난받을 일은 없습니다. 하지만 저는 비에른손처럼 말하겠습니다. "세상이 무너지는 것을 두고 보느니, 이 세상이 불타 사라지는 편이 차라리 나으리라!"라고요.

우리는 세상의 멸망을 두고 보지 않을 겁니다. 우리는 이제 이 나라의 떳떳한 일원이며, 이 나라에서 일어나는 일에 대해 우리의 몫이 생겼으니까요.

지금 우리는 강렬히 소망합니다.

서로 죽이고 세계를 불태우는 것 말고도 갈등을 해결할 방법이 부디 있기를!

Jutta Bojsen-Møller

엠마 골드만

정치 활동가

Emma Goldman

Political Activist

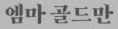

Progress knows nothing of fixity.
It cannot be pressed into
a definite mould.

진보는 영원히 가변성을 지닙니다.
따라서 진보를 한정된 틀 안에 압축해 넣기란 불가능합니다.

"

Emma Goldman

18 85년 무정부주의자 엠마 골드만이 동생 헬레나와 함께 러시아를 떠나 뉴욕에 도착했을 때, 그녀는 자유의 여신상을 보며 넋을 잃었다. 그녀는 훗날 이 일을 '우리 정신은 고양되고 우리 눈에는 눈물이 맺혔다'라고 술회했다.

자신을 입양한 국가에 대한 골드만의 애국심은 불꽃처럼 타올랐다. 매력과 설득력이 넘치는 골드만은 장수를 누리며 많은 강연을 했으며 노동자의 권리, 발언의 자유, 자유연애 및 산아제한 등의 주제로 군중 집회를 열기도 했다.

1917년, 우드로 윌슨 대통령이 제1차 세계대전 징집을 시작하자 골드만과 동조자인 알렉산더 버크먼은 반전 협회인 징집반대연맹을 결성하는 데 협조했다. 같은 해 이들의 사무소는 습격당했고 징집을 방해해 방첩법을 위반했다는 혐의로 기소되어 유죄 판결을 받았다. 골드만은 징역 2년을 구형 받았고, 러시아로 추방당했다. 그리고 골드만은 미국 땅에 발을 들이지 못했다.

배심원단을 향해 골드만은 '양심적 병역 거부'를 옹호하는 열정적인 변론을 펼쳤다.

"병역 거부자를 정말로 게으르고 비겁한 겁쟁이로만 보십니까?"

그녀는 물었다.

"여러분이 현재 누리는 자유를 쟁취하기 위해 싸우고 피를 흘렸던 과거의 투사들이 당시에는 범법자나 말썽꾼 취급을 당했다는 것을 여러분도 잘 아시지 않습니까!"

골드만은 미국 건국의 아버지들을 '당대의 무정부주의자들'이라고 부르며, 새로운 생각은 종종 법 밖에 있다고 주장했다.

"진보는 영원히 가변성을 지닙니다. 따라서 진보를 한정된 틀 안에 압축해 넣기란 불가능합니다."

배심원단 대상 변론
1917년

Address to the Jury

배심원단의 신사 여러분, 우리는 여러분의 애국심을 존경합니다. 세상에 다양한 자유가 존재하듯, 애국심 또한 그 종류가 다양합니다. 하지만 사회의 병폐를 외면하고, 사회의 불일치를 모른 척하고, 사회의 잘못을 얼버무리면서 이 또한 나라를 사랑하는 방식이라는 주장만은 절대로 받아들일 수 없습니다. 단순히 어떤 나라에 우연히 태어났다는 것이나 시민권 서류 한 장이 애국심을 이루는 전부라는 말도 저는 결단코 믿지 않습니다.

이 땅에서 태어나지 않았고 시민권을 신청하지도 않았지만, 미국을 사랑하는 사람이 많습니다. 저 또한 그렇습니다. 국가가 연주될 때 일어나지 않는다고 다른 이들을 잡아당기고 발로 걷어차고 모욕하는 행위로 자신의 애국심을 증명하려 드는 미국 출생자들보다 이런 우리가 미국을 더 뜨겁고 강렬히 사랑합니다. 우리의 애국심은 한 여자를 열린 눈으로 사랑하는 한 남자와 같습니다. 비록 남자는 여자의 아름다움에 매료되었지만, 여자의 단점까지 알고 있습니다. 우리 또한 그 남자와 같습니다. 우리는 미국의 아름다움과 풍요로움과 무한한 가능성을 사랑합니다. 또한, 미국의 국민으로 살며 부를 일구는 사람들, 아름다움을 창조하는 예술가들, 자유를 꿈꾸고 이를 실현해 온 위대한 실천가들을 사랑합니다. 하지만 딱 그 사랑만큼의 무게로 미국의 피상성, 위선, 부패, 비양심적인 우상 숭배를 혐오합니다.

만약 미국이 민주주의 세계가 더 안전할 수 있도록 전쟁을 일으키겠다고 한다면, 저는 이렇게 말씀드리겠습니다. 세계를 살피기 전에 미국 내에서 민주주의의 근간을 흔들고 있는 병폐부터 해결하라고요. 연설의 자유는 억압받고 있으며, 고압적이고 폭력적인 갱들이 똑같은 옷을 입고 몰려와 평화 집회를 결렬시키고 있으며, 자유 언론이 박해받아 독립적인 의견에 죄다 재갈이 물려 있는 미국의 상황을 지켜보는 세계가 어떻게 미국의 그런 명분을 진지하게 받아들일 수 있겠습니까!

더 나아가 국민이 군사적으로 노예 상태일 때 생겨난 민주주의, 국민이 경제적으로 노예 상태일 때 만들어진 민주주의, 국민의 눈물과 피로 키운 민주주의는 절대로 진정한 의미의 민주주의가 아닙니다. 이는 폭정에 불과합니다. 연쇄적으로 학대를 쌓아 올려 만들어 낸 결과물이기 때문입니다. 독립선언문이라는 위험한 문서에 따라 국민은 이러한 민주주의를 전복할 권리가 있습니다.

낸시 애스터

여성 최초로 영국 하원의원이 된 여성

Nancy Astor

First Female MP to Sit in the British House of Commons

❝

But, on the whole, the world is all the better for those venturesome and courageous

하지만 모험심이 넘치고 용기가 있는 사람들 덕분에
세계가 좀 더 나아졌습니다.

❞

Nancy Astor

미국 버지니아 출신의 낸시 애스터는 활달한 독설가로 2년 동안 영국 하원의 유일한 여성 의원이었다. 여성 의원으로는 최초가 아니었지만, 실제로 의정 활동을 한 사람은 낸시가 처음이었다.

1920년 2월 24일, 낸시는 죄다 남성뿐인 의원들 앞에서 첫 연설을 하기 위해 의회 건물로 걸어 들어갔는데, 당시 얼마나 속이 불편했는지 수년 후 이렇게 회상했다.

"그때 남자들은 차라리 방울뱀이 더 반갑겠다는 표정을 짓고 있더군요."

게다가 그날 연설의 주제가 낸시는 무척 좋아했지만, 남자 의원들에게 지독히도 인기가 없었던 '금주'였기에 그녀의 스트레스는 더욱 컸다.

하지만 낸시는 연설회장을 장악할 능력이 충분했다. 1906년, 월도프 애스터와 결혼 후 여러 해 동안 부부 소유의 장원인 클라이브든Cliveden 에서 여러 사람과 교류하며 인맥을 만들고 위트로 사람들을 사로잡아 사교계의 유명인사가 된 덕분이었다. 그러다 남편이 상원귀족원 의 의석을 아버지에게 물려받아 하원서민원 의석을 비우게 되자 낸시는 공석이 되어 버린 남편의 선거구인 플리머스에 자신이 출마하겠다는 당찬 결심을 했다. 그녀는 당당히 의원에 선출되었고, 25년 동안 그 자리를 지키며 사회 개혁이라는 명분을 위해 싸우고 여성들을 행정부로 채용하는 데 앞장섰다.

물론 낸시가 역사적으로 늘 옳은 쪽에 있지는 않았다. 말년에 반가톨릭, 반유대주의 발언들을 한 적도 있으니 말이다. 하지만 여성이 진출하지 못한 분야에 여성을 위한 자리를 만든 그녀의 업적은 절대로 무시할 수 없는 의미를 지닌다.

낸시는 첫 연설에서 남성 청중에게 이렇게 말했다.

"여성 의원을 광신도나 정신병자로 보지 말아주셨으면 합니다. 저는 그저 자신을 대변할 수 없는 수많은 여성과 아동을 대변하고 싶을 뿐입니다."

의회 데뷔 연설
1920년

Maiden Speech in Parliament

이 자리에 계신 의원님들의 관용을 기대하며 시작하지는 않겠습니다.

다만 제가 하원의 관용과 예의를 지나치게 의식하고 있을 뿐입니다. 몇몇 의원님에게 있어 여성을 하원에 받아들이는 일이 참으로 어려웠으리라 저는 익히 짐작합니다. 최초의 여성 의원이 이곳에 발을 디디며 느낀 부담감의 무게와 크게 다르지 않을 겁니다.

하지만 의원 여러분은 플리머스영국의 유명한 항구도시가 세계로 무엇을 내보내는지 두려워해서는 안 됩니다. 월터 라일리 경[5]과 프랜시스 드레이크 경[6]이 모험을 떠나고 싶어 했을 때, 조심성 많은 누군가는 이렇게 말했을 겁니다.

"하지 마십시오. 아무도 해 보지 않은 일 아닙니까! 그냥 가까운 영해나 소일거리 삼아 도시고, 나라 밖으로 떠날 생각은 하지도 마십시오"라고요.

미국으로 떠난 필그림들도 같은 말을 들었을 겁니다. 그들이 자신만의 방식으로 하나님을 섬기기 위해 먼바다를 건너려는 것을 이해하지 못하는 조심성 많은 기독교 형제가 어찌 없었겠습니까! 하지만 모험심이 넘치고 용기가 있는 사람들 덕분에 이 세계가 좀 더 나아졌습니다. 그리고 데번 남성들의 투쟁에 힘입어, 여성이 처음으로 의회에 입성했다는 사실을 전 세계 여성들이 절대로 잊지 않을 것임도 분명합니다.

그러니 하원의 유일한 여성 의원인 저는 마땅히 용기를 내야 합니다. 그리고 하원에서 금주법이라는 거추장스러운 주제로 연설하려면 매우 큰 용기가 필요하다는 사실도 무척 잘 알고 있습니다. 하지만 감히 용기를 내 보고자 합니다.

물론 금주법을 받아들일 사회적 분위기가 아직 조성되지 않았다는 사실은 저도 인지하고 있습니다. 그런데도 저는 지금 우리에게 극적인 음주 개혁이 필요하다고 확신합니다.

[하원의원들: "아니오!"라고 대답한다.]

제가 무슨 얘기를 하는지 알고 있습니다. 하지만 이제는 여성들에게도 투표권이 있고, 여성들이 그 투표권들을 행사하려고 하고, 여성들이 어떤 당파의 이익을 위해서가 아니라 전 사회를 위해 현명하게 자신의 한 표를 행사하려고 한다는 점을 주지해 주십시오.

---

5 Sir Walter Raleigh, 엘리자베스 1세 시대의 모험가로 남미로 황금의 도시를 찾으러 다녀온 후 『엘도라도』라는 책을 집필했다.
6 Sir Francis Drake. 엘리자베스 1세 시대 선장이자 탐험가. 최초로 지구를 한 바퀴 도는 항해를 해낸 뒤 여왕에게 기사 작위를 받았다.

마거릿 생어

여성 인권 운동가 · 사회 개혁가

Margaret Sanger
Women's Rights Activist and Social Reformer

"

We know that every advance that woman has made in the last half century has been made with opposition, all of which has been based upon the grounds of immorality.

지난 반세기 동안, 여성들은 도덕적 명분이라는 방패로 무장한
반대 세력에 투쟁하며 진보를 일궈 왔습니다.

"

Margaret Sanger

1921년 11월 뉴욕시에서 열린 제1회 전미산아제한대회의 마지막 날, 마거릿 생어는 치안 방해 혐의로 체포되었다. 생어는 이 대회 마무리 연설을 타운 홀에 모인 일반 대중 앞에서 할 예정이었지만, 경찰이 홀 입구에 바리케이드를 쳐서 들어가지 못했다.

몇 년 후 생어는 바리케이드를 뚫고 들어가 연설을 하려다가 경찰서로 압송되었다고—다음 날 풀려나기는 했다—술회했다. 그리고 일주일 후 그녀는 파크 시어터에서 「산아제한의 도덕성」이라는 제목의 연설을 더 많은 청중 앞에서 했다. 이 연설은 일부 논란의 소지를 낳기도 했다.

피임에 대한 생어의 견해를 깔끔하게 요약한 버전이라 할 수 있는 「산아제한의 도덕성」에 대해서는 거의 백 년이 지난 지금까지도 이견이 분분하다.

생어는 1916년 미국 최초의 산아제한 클리닉을 열었으며, 모든 아이는 원해서 출산해야 하며, 모든 여성은 출산할지 안 할지, 언제 할지, 몇 번을 할지 결정할 권리가 있다고 주장했다.

평생 동안 생어는 여성 인권을 위해 열성적으로 투쟁했지만, 최근 그녀가 남긴 주장들은 격론을 불러일으키고 있다. 그녀가 보여 준 인종차별적 태도와 우생학에 대한 믿음 때문이다. 그러한 허물이 있음에도 생어는 지워질 수 없는 발자국을 역사에 남겼다. 1942년, 그녀가 설립한 미국산아제한연맹은 미국가족계획협회로 명칭을 바꾸었다.

산아제한의 도덕성
1921년

The Morality of Birth Control

지난 반세기 동안, 여성들은 도덕적 명분이라는 방패로 무장한 반대 세력에 투쟁하며 진보를 일궈 왔습니다.

여성도 고등교육을 받게 해 달라고 요구했을 때, 반대 세력은 여성이 고등교육을 받으면 부도덕해지며 가정의 신성함이 퇴색된다고 했습니다.

여성에게도 참정권을 달라고 요구했을 때, 반대 세력은 여성이 정치에 개입하는 순간 여성의 도덕 기준은 바닥에 떨어질 것이라 했습니다. 심지어 그들은 여성이 남성 당원들과 만나고 어울리는 일조차 반대했습니다. 하지만 여성이 교회에 가서 남성과 어울리는 일을 반대하는 목소리는 없는 건 어째서일까요?

여성의 자유는 부도덕함으로 이어진다는 억지를 쓰며 교회는 여성의 발전을 저해했습니다. 제가 보기에 교회는 여성에 대한 믿음을 좀 키울 필요가 있습니다. 그리고 이 운동을 반대하는 분들께도 이 말씀을 드리고 싶군요. 차라리 여성들을 공포와 무지에 가두는 데에만 몰두하는 교회부터 전복하십시오. 그리고 지식에 기반한 더 숭고하고 더 진실한 도덕성을 단단히 세워 주십시오.

지금 우리 여성에게 필요한 도덕성은 지식에 기반한 도덕성입니다. 자신의 몸에 대해 숙지하는 기회와 권리를 여성에게 주지 않는다면 2천 년에 걸친 기독교의 가르침은 실패라는 말밖에 되지 않습니다.

산아제한은 비단 여성만의 문제가 아닙니다. 모든 성인 남녀에게 산아제한의 권리가 있어야 한다는 게 우리의 원칙입니다. 성인 남녀라면 지식을 올바르게 사용하는 법과 이에 따르는 책임감을 배워야 합니다.

여성은 자신의 신체에 대한 권리와 자기 형편을 고려해 어머니가 될지 안 될지 결정할 수 있는 권리를 가져야 합니다.

아동이 갖는 최초의 권리란 부모가 원하는 대상이 되는 것입니다. 두 번째 권리는 아동이 사랑으로 수태되어야 한다는 것이며, 세 번째 권리는 아동이 건강을 유산으로 물려받아야 한다는 것입니다. 우리가 주장하는 미국의 산아제한은 이러한 원칙에 근거해 시행되어야 합니다.

버지니아 울프

작가 · 언론인

Virginia Woolf
Author and Journalist

I acted in self-defence.
Had I not killed her she would
have killed me.
She would have plucked
the heart out of my writing.

저는 정당방위에 근거해 저를 지켰노라 변론할 거예요.
제가 그 여자를 죽이지 않았더라면 그 여자가 저를 죽였을 테니까요.
그 여자는 분명히 제 글에서 심장을 뽑아 버렸을 거예요.

Virginia Woolf

1931년, 버지니아 울프는 여성노동연대에서 온 청중을 대상으로 연설했는데 이 연설을 기록한 판본 중 하나가 사후에 『나방의 죽음』이라는 제목으로 출간되었다

노동과 여성이라는 주제로 「여성을 위한 직업」이라는 연설을 했을 때 이 영국 작가는 이미 베스트셀러인 『댈러웨이 부인』, 『등대로』, 『올란도』를 출간한 이후였다. 여성에게 독립적인 수입이 얼마나 중요한지에 대해 서정적 언어로 풀어 쓴, 기념비적인 페미니스트 수필 『자기만의 방』 역시 출간한 이후였다. 유산을 좀 물려받았던 울프는 경제적인 독립이 창작을 위한 공간과 자유를 보장한다고 주장했다.

「여성을 위한 직업」에서 울프는 자신의 경험에 근거해서 이렇게 말하고 있다. 글을 쓰려고 앉으면, 자신이 '가정의 수호천사'라는 별칭으로 불렸던, 당시 팽배했던 빅토리아 시대의 이상적인 여성상이 나타나 괴롭힌다고 말이다. 그 '수호천사'는 조곤조곤 달래는 어조로 고운 말만 하고, 여성적 매력을 발

산하라고 충고한다. 또한, 방정하게 굴고 희생정신을 가지라고 하며, 무엇보다도 진실을 말하는 일을 회피하라고 강요한다.

이후 울프는 이 내적인 투쟁, 정직하게 글을 쓰기 위해 이겨야만 했던 전투에 대해 반추한다. 겉으로는, 남성보다 여성이 집필하기 더 어렵게 하는 어떠한 장애물도 없어 보이지만, '가정의 수호천사'와 같은 유령이 여성의 주변을 배회하기에 여성이 집필하기 어려워진다고 말이다. 이 때문에 울프는 여성이 자기 목소리를 찾으려면 내면화한 편견을 스스로 극복해야 한다고 충고했다.

---

7 코번트리 패트모어가 쓴 빅토리아 시대의 시로, 가정을 지키고 가꾸며 희생하는 이상적인 여성상을 그리고 있다.

여성을 위한 직업
1931년

Professions for Women

예전에 저는 유명한 남자 문인이 쓴 소설에 대해 서평을 쓸 기회가 생겼어요. 그리고 그때 제가 이 서평을 쓰려면 한 여자 유령과 전투를 벌여야 한다는 사실을 알게 되었지요. 그 유령과의 만남은 갈수록 잦아졌고, 저는 그 여자에게 유명한 시 제목에서 딴, '가정의 수호천사'라는 별명을 붙여 주었답니다. 그런데 그 여자는 제가 서평을 쓸 때마다 끼어들어 저를 너무 괴롭히고 성가시게 굴기에 죽여 버렸어요. 처음에는 참아 볼까 했지만, 어쩔 수 없었지요.

더 젊고 더 행복한 세대에 속한 여러분은 그 여자 유령에 대해 들어 본적이 없을 듯하네요. 설령 안다고 해도 그 여자를 빗대어 제가 무슨 말을 하려는지 모를 수도 있고요.

자, 이제 그 여자에 대해 묘사해 볼게요. 그 여자는 동정심이 많으며, 매력적이고, 이기심이라고는 없고, 살림까지 잘해요. 그리고 매일 자신을 희생한답니다. 닭을 요리하면 다리만 먹고^{역자 주- 영미권에서는 모두 안 먹으려고 하}

는 부위가 바로 닭 다리다, 틈새로 찬바람이 들어오는 자리에 골라 앉지요. 어찌나 가정교육을 잘 받았는지 자기 생각이나 소원을 가져 본 적도 없고 남의 생각과 소원에 자신을 맞추기만 해요. 꼭 이런 말까지 할 필요는 없지만, 순결하기까지 하지요. 순결은 그 여자가 지닌 최고의 미덕이랍니다. 수줍게 볼을 붉히며 얼마나 우아하게 구는지 몰라요.

그 여자가 늘 하는 짓이 뭔지 아세요? 제가 글을 쓰려고 앉아 첫 단어를 쓰자마자 제 뒤로 다가오는 거예요. 여자의 등에 달린 날개 그림자가 종이 위로 드리워지고 방 안에서 여자의 치맛자락이 사락거리는 소리가 들리지요.

제가 한 유명한 남자 문인이 쓴 소설 서평을 쓰려고 할 때도 마찬가지였어요. 펜을 든 순간 여자는 제 뒤로 미끄러지듯 다가와 속삭이더군요.

"어머, 젊은 여자가 어떻게 이래요? 감히 남자가 쓴 책에 대해서 이러쿵저러쿵 쓰다니요. 연민을 품고, 나긋나긋하게, 듣기 좋은 말만 해야지요. 여자가 지닌 모든 기교와 수단을 쓰세요. 여자에게 자기만의 생각이 있다는 사실을 누구도 알면 안 되니까요. 그리고 무엇보다도 순결해야 해요."

그러더니 여자는 제 펜대를 잡아 저 대신 글을 쓰려고 하더군요. 마침내 저는 폭발했고, 여자의 목을 졸라 숨통을 끊어 버렸지요. 만일 이것도 살인이라 법정에 서게 된다면 저는 정당방위에 근거해 저를 지켰노라 변론할 거예요. 제가 그 여자를 죽이지 않았더라면 그 여자가 저를 죽였을 테니까요. 그 여자는 분명히 제 글에서 심장을 뽑아 버렸을 거예요.

후다 샤으라위
여성 인권 운동가

Huda Sha'arawi
Women's Rights Activist

The woman also demands with her loudest voice to be restored her political rights, rights granted to her by the Sharia and dictated to her by the demands of the present.

또한, 우리 여성은 샤리아가 부여했고, 현시대의 흐름이 당연하다고 인정한 우리의 정치적 권리를 복원해 달라고 강력히 요구하는 바입니다.

Huda Sha'arawi

이집트의 페미니스트 후다 샤으라위는 카이로에 있는 아버지의 하렘에서 어린 시절을 보냈다. 하렘 제도가 남아 있던 마지막 시기였다. 부유한 상류층에서 태어났기에 그녀는 공공장소에서 늘 베일을 썼다.

1879년, 당시 13살이었던 그녀는 30대 사촌과 중매결혼을 했다. 늘 지적인 호기심이 넘쳤던 샤으라위는 가정교사들에게 교육받았고, 남편과 7년 동안 떨어져 살면서 독립심을 키웠다. 당시에는 드문 일이었다.

1919년, 이집트에서 민족주의 열풍이 불었을 때 샤으라위는 영국 식민 지배에 항거하는 시위를 주도적으로 이끌었으며 전이집트여성위원회의 회장을 역임했다.

1923년 남편이 죽은 다음 해, 샤으라위는 로마에서 열린 국제여성연맹회의 International Alliance of Women Conference 에 참석하기 위해 로마로 갔다. 카이로로 돌아온 샤으라위는 기차역에 마중 나온 여성들 앞에서 천천히 베일을 벗었다. 당시로써는 무척 급진적인 행위였고, 이집트 여성들에게 새로운 시대가 열리는 상징적인 전시 행위였다.

이집트페미니스트연맹을 설립하며 활발히 활동하던 샤으라위는 몇 년 후 연맹 창립에 일조를 한 제1회 아랍페미니스트카이로대회에 참석해 남녀 청중 앞에서 연설했다. 이는 아랍페미니스트연맹을 설립하기 직전의 일이었다.

샤으라위는 아랍 페미니스트들의 요구를 대담한 어조로 나열했고, 이 운동이 나아갈 길을 제시했다. 그녀는 이슬람의 율법 '샤리아'는 여성에게 남성과 동등한 권리를 부여했으며, 여성이 불평등한 이유는 남성이 특권을 남용하기 때문이라고 주장했다. 샤으라위는 명확하고 직설적인 언어로 사회가 여성에게서 부당하게 앗아간 권리를 되돌려 달라고 요구했다.

아랍페미니스트대회 연설
1944년

Speech at the Arab Feminist Conference

신사 숙녀 여러분, 남성과 동등한 의무를 부여받은 우리 아랍 여성들은 20세기의 선진국들이 이미 철폐한 성차별이 이 땅에 만연하는 현상을 더는 두고 보지 않을 것입니다.

아랍 여성들은 노예제에 더는 묶여 있지 않을 것이며, 조국의 권리와 아이들의 미래를 두고 남성들이 저지른 실수 때문에 대가를 치르는 상황을 더는 묵과하지 않을 것입니다.

또한, 우리 여성은 샤리아 이슬람교의 율법 가 부여했고, 현시대의 흐름이 당연하다고 인정한 우리의 정치적 권리를 복원해 달라고 강력히 요구하는 바입니다.

선진국들은 이미 남성과 여성의 관계란 신체에서 뇌와 심장의 관계와 같다고 인정했습니다. 이 두 신체 기관 사이의 균형이 무너진다면 신체 전체의 체계도 당연히 무너집니다. 이 나라도 마찬가지입니다. 양성 간의 균형이 무너진다면 이 나라도 와해하고 무너질 것입니다.

Huda Sha'arawi

이슬람이 여성을 보는 관점처럼 깊이 있는 경지에 이르지 못했음에도, 선진국들은 남녀가 모든 권리에 있어 동등하다고 믿는 단계에 돌입했습니다. 비록 알라께서는 모하메드의 계승자를 선출할 권리를 여성에게 주셨지만, 여성은 선거구에서 투표할 권리를 알라께서 창조한 존재인 남성에게 빼앗겼습니다. 또한, 여성보다 교육 수준도 낮고 경험도 짧은 남성만 온전히 이 권리를 누리고 있습니다. 여성은 남성를 낳고, 키우고, 인도하는 어머니입니다.

샤리아는 모든 권리와 책임에서 남녀가 동등하다고 규정했습니다. 죄를 짓더라도 남녀의 처벌에 차별이 있어서는 안 된다고 했습니다. 그런데도 남성은 이 권리를 어떻게 분배할지 여성에게 의견을 묻지도 않은 채 자신의 책임과 처벌의 상당 부분만 여성에게 떠넘겼습니다. 그리고 권리 배분과 입법, 통치의 권리는 자신이 독식하고 있습니다.

그러니 우리 여성은 빼앗긴 권리들에서 우리 몫을 되찾고 남성이 여성에게 떠넘긴 책임과 처벌을 남성에게 되돌려 주어야 합니다.

아랍 남성분들은 서구 제국주의 열강에게 그들이 앗아간 권리를 돌려 달라고 요구하고 있습니다. 그러니 남성이 앗아간 여성의 법적 권리 또한 여성에게 돌려주는 게 당연합니다. 아랍 남성분들은 이미 자신의 권리를 빼앗기고 박탈당하는 게 어떤 심정인지 아십니다. 그러니 우리는 우리의 요구가 당연함을 남성분들이 충분히 이해하시리라 믿습니다. 타고난 본성이 탐욕스럽지 않은 한 말입니다.

푼밀라요 랜섬쿠티

정치 활동가·여성 인권 활동가

Funmilayo Ransome-Kuti

Political and Women's Rights Activist

We women who are in the background today may be in the lime light tomorrow.

비록 오늘은 뒷전으로 밀려나 있지만,
내일은 우리 여성들이 중심에 자리할 수도 있습니다.

Funmilayo Ransome-Kuti

19 40년대 중반, 푼밀라요 랜섬쿠티는 나이지리아 여성들을 대변하는 가장 강력한 목소리로 부상했다. 제2차 세계대전의 여파로 영국은 재정 문제가 심각했기에 점령지인 나이지리아 시장에서 장사하던 여인들에게 세금을 부과했다. 때문에 나이지리아 남서부 아베오쿠타시市 여성들은 영국을 등에 업은 족장, 알라케가 강제로 부과한 과중한 할당량에 시달리고 무작위로 물건을 몰수당하기도 했다.

당시 상황을 내내 주시하고 있던 아베오쿠타 중등학교의 강사 랜섬쿠티는 시장의 여성들을 규합했으며—그들 중 다수가 자신이 가르치는 학생이었다—, 아베오쿠타여성연맹이란 깃발 아래 대규모 시위를 벌였다. 목격자 말에 따르면, 만 명 가까운 인원이 참가했다고 한다. 1949년, 시위의 압박에 굴한 알라케는 퇴임했고, 세금은 재조정되었다.

아베오쿠타에서 시작된 국지적 시위는 이내 전국적인 운동으로 확대되었다. 아베오쿠타여성연맹은 1949년에 나이지리아여성연맹으로 이름을 바꾸었고, 전국 각지에 지부를 설립했는데, 전성기에는 회원이 2만 명에 달했다. 타고난 지도자이자 달변가인 랜섬쿠티는 여성들을 고취해 행동에 나서게 하려고 자주 강연 여행을 다녔으며, 나이지리아여성연맹의 새 지부 개척에 힘썼다. 「여성에 관한 이야기」라는 연설에서 랜섬쿠티는 소녀들의 부모에게 직접 말을 걸어 딸을 학교에 보내 아들과 같은 교육을 받게 하라고 설득했다— 랜섬쿠티는 아들 셋과 딸 하나를 두었으며, 그녀의 아들이 바로 아프로비트 예술가 펠라쿠티다—. 그녀는 1978년에 사망할 때까지 나이지리아 독립운동에 계속 참여하면서 나이지리아 여성의 대변인으로 활약했다.

여성에 관한 이야기
1949년 경

A Talk About Women

우리 여성들에게 남성과 동등한 기회가 주어진다면 얼마나 좋을까요!

부모님은 아들은 기꺼이 공부시킵니다. 그 아들이 학교를 졸업한 뒤 취업하면 봉급을 많이 받으리라 믿기 때문입니다. 반대로 딸은 소홀히 여기며 교육 기회 자체를 주지 않은 채 방치합니다. 딸은 가르쳐 봤자 살림이나 하다 늙어 죽을 거로 생각하기 때문이지요.

이런 잘못된 생각이 긴 세월 만연하다 보니 오늘날 여성의 지위란 이토록 보잘것없어졌습니다. 지금 우리의 불쌍한 딸들은 뒷전으로 밀려나 노예 취급을 받고, 사회적 약자로 살고, 교육도 받지 못하고, 무시당하고, 침묵을 강요받으며, 아무도 모르는 곳에서 억압받고 있습니다.

여성들은 과도한 노동에 시달리고, 변변히 먹지도 못하며, 불평도 하지 못합니다. 자신의 권리에 대해 교육받지 못했기에 이게 부당한 대우인지조차 모릅니다.

아내는 반려자이지 노예가 아닙니다. 한 나라의 수준은 그 나라 여성의 수준이고 여기서 예외인 나라는 없기에, 아들과 딸을 두고 어느 쪽에 투자하는 게 나은지 소소하게 가늠하는 부모님들께 간곡히 부탁드립니다. 제발 딸에게도 아들과 같은 기회를 주십시오.

이 자리를 빌려 남성분들께도 간절히 호소합니다. 이 비참한 현 상황에서 여성을 구할 수 있도록 집회에 참여해 주시고, 우리의 뜻에 동참해 주십시오.

여성분들께도 말씀드립니다. 고치기에 늦었을 때란 없으며 로마는 하루아침에 지어진 게 아니라고요. 비록 오늘은 뒷전으로 밀려나 있지만, 내일은 우리 여성들이 중심에 자리할 수도 있습니다.

하지만 가만히 있으면 그런 일은 절대로 일어나지 않습니다. 어떤 것에서든, 어디서든, 누구에게서든 배움을 얻도록 분투해야 합니다. 자신에게 주어지는 모든 것에서 최상의 것을 흡수하도록 노력해야 합니다. 우리가 사회적으로, 교육적으로, 경제적으로 등등 여러 면에서 세계 다른 여성들과 나란히 우리 자리를 효율적으로 차지하려면, 우리에겐 할 일이 많습니다.

하느님의 가호 아래, 우리는 반드시 그리될 것입니다.

에바 페론

아르헨티나 영부인·정치계 인사·배우

Eva Perón

First Lady of Argentina(1946~52), Political Figure and Actress

❝

Though I leave shreds of my life along the road, I know that you will pick up my name and will carry it to victory as a banner

저는 삶의 여로에서 이 육신의 옷을 벗지만,
여러분들이 제 이름을 들어 승리의 깃발로 휘날려 주시리라 믿어요.

❞

Eva Perón

에비타라는 이름으로 더 잘 알려진 에바 페론은 1951년까지 한 국가를 온통 사로잡았다. 가난한 집에 태어나 어린 시절 아버지에게 버림받은 그녀는 부에노스아이레스에서 라디오와 영화로 경력을 쌓다가 정치 유망주 후안 페론과 결혼했고, 훗날 아르헨티나의 영부인이 되었다.

1946년, 남편 후안의 대통령 유세 기간에 에바는 자신이 진행하는 라디오 방송을 남편의 메시지를 전달하는 기반으로 이용했다. 그리고 당시로서는 드물게, 후보자의 부인으로 유세 현장에 모습을 드러내며 후안의 인지도를 높이는 데 적극적인 역할을 했다. 1947년 아르헨티나를 대표해서 유럽으로 친선 여행을 떠났을 때는 타임지 표지에 실리기도 했다. 에바는 아르헨티나 최초의 여성 정당인 여성페론당을 조직했고, 이후 이 정당은 후안의 득표에 결정적인 역할을 했다—아르헨티나 여성들은 1947년에 투표권을 획득했다—. 곧 에바의 인기는 후안을 넘어섰고, 한때 부통령으로 출마하는 것도 진지하게 고려했다.

하지만 피치 못할 일들이 벌어졌다. 에바는 악성 자궁경부암에 걸렸고, 1951년 10월 17일 자신의 지지자 그룹인 '데스카미사도스[8] 앞에서 연설할 즈음에는 남의 도움이 없이는 혼자 설 수도 없는 상태였다. 이때 에바 페론은 아르헨티나 빈곤층의 마음에 호소하는 주제에 맞춰 말을 풀었다. 이타적이며, 남편의 이상에 충실하고, 국민에 대한 사랑이 넘치는 에비타의 모습이 바로 그 주제였다.

"나의 데스카미사도스, 여러분께 하고 싶은 말이 참으로 많은데 의사가 말을 하지 말라고 하네요. 그래도 잊지 마세요, 제 마음속에 여러분이 있다는 사실을요. 저는 소망합니다. 더 많은 힘과 사랑으로 무장하여 이 투쟁에 다시 뛰어들 수 있기를요. 사랑하는 페론만큼이나 사랑하는 여러분을 위해 다시 싸울 수 있도록 말이죠."

---

8 셔츠를 입지 않은 사람들. 에바 페론이 자신을 셔츠를 입지 않은 노동자, 빈민 계층을 뜻하는 데스카미사도스라고 일컬으면서 이후 그녀의 지지자를 부르는 이름이 되었다.

데스카미사도스에게 한 연설
1951년

Speech to the Descamisados

오늘 저녁 제 남편 페론은 페론당 당원에게 줄 수 있는 최고의 영예를 제게 주었네요. 그런 그이에게 저는 이렇게 말하고 싶어요.

나는 세상 그 어떤 것으로도 당신이 베풀어 준 사랑에 감히 보답할 수 없으며, 언제나 나와 함께해 주었고 나를 아껴 준 당신에게 내 생명도 기꺼이 내놓을 수 있을 만큼 감사한다고요.

저는 가진 것이 없고, 아무것도 아니며, 이 세상에 제 것이라고는 없지요. 이것은 다 페론의 것이에요.

하지만 오늘만은 늘 하는 거짓말을 하지 않으려 해요. 제게는 이 모든 걸 받을 자격이 없다는 말도 하지 않겠어요. 예, 저는 받을 자격이 있어요, 나의 총수님, 오로지 한 가지 때문에 저는 받을 자격이 있어요. 그리고 그 한 가지는 이 세상의 모든 황금을 합한 것보다도 가치가 있죠. 국민을 사랑하는 마음으로 한 일들로 저는 이 영예를 받을 자격이 있어요.

제가 한 일들 때문에 제게 이런 자격이 생긴 게 아니에요.

제가 포기한 것들 때문에 제게 이런 자격이 생긴 것도 아니에요.

제가 무엇인지 혹은 무엇을 가졌는지 때문에 이런 자격이 생긴 것도 아니죠.

제게 중요한 건 오로지 하나예요. 저는 그걸 제 가슴에 품고 있죠. 그것은 제 영혼에 불을 지르고, 제 살에 파고들고, 제 힘줄을 불태워요. 그건 바로 이 나라 국민과 페론을 향한 바로 제 사랑이에요.

친애하는 동지 여러분, 오늘 저는 딱 한 가지만 여러분께 부탁드릴게요. 우리는 페론을 지킬 것이며, 죽을 때까지 페론을 위해 싸우겠노라 맹세했어요. 이 맹세를 외치는 건 잠깐이지만, 우리의 외침은 세계 구석구석으로 퍼져 나갈 겁니다.

국민의 적이자 페론의 적이자 내 아버지의 나라의 적들에게 어디 와 보라고 하세요. 저는 우리 국민을 믿기 때문에 한 번도 그들을 두려워한 적 없으니까요.

마지막으로 동지 여러분, 제 건강을 위해 기도해 주셔서 진심으로 감사해요. 제 영광은 앞으로도 언제나 페론의 방패이자 국민의 깃발이 될 거예요. 저는 삶의 여로에서 이 육신의 옷을 벗지만, 여러분들이 제 이름을 들어 승리의 깃발로 휘날려 주시리라 믿어요. 하나님은 겸손한 자와 함께 하시고 과두 정부의 오만함을 경멸하시기에 우리와 함께 계심을 믿어요. 그러니 승리 또한 우리의 것이에요. 어떤 대가를 치르든, 그 누가 쓰러지든, 우리는 반드시 승리할 거예요.

Eva Perón

헬렌 켈러

정치 활동가 · 언론인

Hellen Keller
Political Activist and Author

"

Like a magic wand, the six dots of Louis Braille have resulted in schools where embossed books, like vessels, can transport us to ports of education, libraries and all the means of expression that assure our independence.

마법의 지팡이와 같은 루이 브라이의 점자 여섯 개로 양각된 책들이 제작되어
학교에 비치되면서, 점자책들은 배처럼 우리를 학교라는, 도서관이라는,
독립을 가능케 하는 모든 표현의 수단이라는 항구로 실어 주었습니다.

"

Hellen Keller

헬렌 켈러의 삶은 두 살 때 병에 걸려 눈과 귀가 멀면서 극적으로 변했다. 자신의 비범한 의지 그리고 교사이자 평생의 동지인 앤 설리번의 오랜 헌신 덕분에 켈러는 수정본 수화를 배울 수 있었고 이후에 점자를 익혔다. 1904년, 켈러는 현재는 하버드대학으로 편입된 래드클리프대학을 졸업하면서 학사 학위를 받은 최초의 시각 청각장애인이 되었다. 80세가 넘도록 살면서 켈러는 열정적으로 사회 운동을 장려하고 시각 · 청각장애인을 대변했으며 사회주의와 평화주의 및 여성의 권리에 대해 연설했다. 다작한 작가이기도 해서, 사회주의에 대한 자신의 견해를 조목조목 밝힌 『어둠에서 벗어나』라는 수필집뿐 아니라 자서전『나의 인생 이야기』를 포함해 자신의 삶에 관한 책도 여러 권 냈다. 미국 내 연설의 자유를 보호하는 데 점점 더 관심을 가지다가 1920년 미국자유인권협회를 공동 설립하기도 했다.

1952년, 헬렌 켈러는 파리에서 열리는 루이 브라이Louis Braille 백 주년 기념행사에 참여했다. 여기서 켈러는 레지옹 도뇌르 슈발리에 훈장을 받았고, 자신을 보러 온 많은 파리지앵에게 메시지를 전달하기 위해 소르본대학에서 프랑스어로 연설했다.

"전 세계 시각장애인들 사이에 이미 자리 잡은 강력한 유대를 보십시오. 이것은 지식이라는 인간 내면의 빛으로 시각장애인들이 어둠을 뚫고 나온 모든 세월을 상징합니다."

1964년 사망하기 몇 해 전 켈러는 미국에서 일반인이 받을 수 있는 최고의 영예인 대통령 자유 훈장도 받았다.

루이 브라이의 삶과 유산
1952년

The Life and Legacy of Louis Braille

대통령 각하, 여러 교수님과 신사 숙녀 여러분!

여러분이 제게 주신 영예에 저는 감동을 금할 길이 없습니다. 이 영광은 제가 어떤 업적을 이루었기 때문이 아니라 저로 대표되는 시각장애인과 청각장애인을 격려하기 위해 주셨다고 생각할 수밖에 없기 때문입니다.

그리고 전 세계 모든 시각장애인을 대표해서 자신의 한계에 절대로 굴복하지 않는 사람들의 자부심과 노력을 이렇듯 후하게 인정해 주셔서 깊이 감사드립니다.

우리 시각장애인은 인류가 구텐베르크에게 빚진 만큼이나 루이 브라이에게 빚지고 있습니다. 점자 체계는 일반 활자와 아주 다르지만, 손가락으로 더듬어 인식하는 이 양각 문자는 시각장애인들이 지적인 수확을 할 수 있게 해 주는 귀중한 씨앗들입니다. 브라이의 점자가 없었다면 시각장애인을 교육하기가 얼마나 불편하고 혼란스러웠을지요. 저는 가히 상상도 안 갑니다. 좌절의 문이 우리를 가로막아 문학과 철학과 과학이라는 빛나는 보물을 누려 보지도 못했을 겁니다. 하지만 마법의 지팡이와 같은 루이 브라이의 점자 여섯 개로 양각된 책들이 제작되어 학교에 비치되면서, 점자책들은 마치 배처럼 우리를 학교라는, 도서관이라는, 독립을 가능케 하는 모든 표현의 수단이라는 항구로 실어 주었습니다.

전 세계 시각장애인들 사이에 이미 자리를 잡은 강력한 유대를 보십시오. 그리고 국제 브라이 점자 덕분에 시각장애인들이 어떻게 다른 시각장애인들과 동족의 언어를 만들어 내고, 더 나아가 세계와 동족의 언어를 만들게 되었는지 보십시오. 이것은 지식이라는 인간 내면의 빛으로 시각장애인들이 어둠을 뚫고 나온 모든 세월을 상징합니다.

전 세계 시각장애인들이 바라는 바는 그리 거창하지 않습니다. 그들은 자신의 능력이 성공적으로 시험받을 기회, 즉, 정안인[9] 들의 활동에 온전히 참여할 기회가 그들에게 주어지기를 바랄 뿐입니다.

9 正眼人, 한국의 시각장애인들이 비시각장애인들을 일컫는 표현

엘리너 루스벨트

미국 영부인·외교관

Eleanor Roosevelt

First Lady of the United States(1933~45) and Diplomat

66

There are things we can learn from other people. You must have as a basis to all understanding, the willingness to learn and the willingness to listen.

서로 다르기에 우리는 서로에게 배울 수 있습니다.
그러므로 서로를 잘 이해할 수 있도록 귀를 기울여 배우고 듣겠다는
경청의 자세를 항상 견지해야 합니다.

99

Eleanor Roosevelt

엘리너는 영부인이라는 역할을 적극적이고 영향력 있는 리더십을 발휘하는 자리로 재정립했다. 그녀는 인종차별과 인권 침해를 반대하는 목소리를 공적으로 냈으며, 종종 남편 대신 연설하기도 했다. 1945년 프랭클린이 사망한 해, 해리 트루먼 대통령은 그녀를 유엔 총회에 파견하는 미국의 첫 대표로 임명했고, 그녀는 1952년까지 이 직분을 수행했다. 2년 후 엘리너는 새롭게 결성된 유엔 인권위원회 의장으로 선출되었고, 기념비적 의미가 있는 「세계인권선언」의 완성에 길잡이 역할을 했다.

1948년, 엘리너는 이 선언이 영국의 대헌장마그나 카르타 이나 미국의 권리장전처럼 도덕적 권위를 가진 길잡이 등대 역할을 하게 되기를 바란다는 희망을 피력했다. 그리고 여러 면에서 그녀의 희망은 열매를 맺었다. 「세계인권선언」은 500개 이상의 언어로 번역되었고 많은 법안을 기초하는 데 영향을 미쳤다. 하지만 당대에는 이 선언문이 신생 조직인 유엔과 마찬가지로 그저 희망 사항으로, 검증되지 않은 실험으로 보였다.

1954년, 엘리너는 매사추세츠주 브랜다이스대학에서 대중이 유엔에 느끼는 좌절감에 대해 연설을 했다. 매카시즘과 소련에 대한 공포가 절정에 달하던 당시, 루스벨트는 청중에게 진보는 점진적으로 이루어진다며 이렇게 덧붙였다.

"대화에는 엄청난 가치가 있습니다. 대화를 교량이라고 생각하셔야 합니다."

또한, 유엔에 대해서는 이렇게 말했다.

"유엔은 여러 민족을 잇는 교량이 건설되는 장소입니다."

교량으로서 유엔
1954년

The United Nations as a Bridge

우리 미국인들은 참을성이 없습니다. 결과를 내일 바로 받아 보고 싶어 하지요. 이런 성향이 강점인 민족이 다른 민족을 앞서갈 수 있는지는 잘 모르겠습니다. 너무 빨리 나아가다가는 되레 뒤처질 수 있으니까요.

긴 세월이 지나는 동안 생겨난 고유한 풍습과 습성을 지닌 다양한 배경의 민족들이 유엔에 모입니다. 그리고 어떤 때는 이런 차이를 이해하지 못해 서로 불화가 생기기도 합니다. 그럴수록 우리는 우리 스스로가 우리의 방식이 최고라고 생각하듯 다른 민족 또한 자신의 방식이 최고라고 여길 수 있다는 포용심을 지녀야 합니다. 서로 다르기에 우리는 서로에게 배울 수 있습니다. 그러므로 서로를 잘 이해할 수 있도록 귀를 기울여 배우고 듣겠다는 경청의 자세를 항상 견지해야 합니다.

비록 유엔이 실패할 때도 있지만, 우리의 행보에 부디 낙담하지 않으셨으면 합니다. 인간은 실패를 통해 배우는 법이니 시간이 갈수록 우리는 차츰 더 이 체제를 잘 활용할 수 있게 될 테니까요. 또한, 우리는 중요한 사항도 하나 배우게 될 겁니다. 인간이 나서지 않는 한 그 어떤 체계도 돌아가지 않는다는 점을 말입니다.

우리 미국과 같은 민주주의 국가의 국민은 국민의 대표자가 국민을 위해 어떤 일을 해야 하며 국민이 그들에게 무엇을 바라는지 그들에게 말해 줄 책임이 있습니다. 유엔도 마찬가지입니다. 유엔의 체제가 실질적으로 돌아가려면 우리 각자가 개개인의 책임을 다해야 합니다. 우리가 책임을 받아들이지 않고, 맡은 바 책임에 소홀하면, 우리는 계속 실패할지도 모릅니다. 그리고 이 실패는 고스란히 우리의 몫으로 돌아오게 됩니다. 오늘 우리가 가슴에 새겨야 하는 핵심은 바로 이것입니다.

미국은 현재 세계에서 가장 강한 나라입니다. 우리가 그 타이틀을 좋아하든 그렇지 않든 간에 미국은 세계를 이끌고 있습니다. 하지만 군사력과 경제력만으로 미국이 이 위치를 차지하게 된 것은 아닙니다. 우리 스스로가 우리의 가치가 무엇인지, 우리가 믿는 것이 무엇인지 매우 잘 인식하고 있기에 우리는 그 자리에 이를 수 있었습니다. 또한, 우리가 그 가치와 믿음에 부합해 살고 있으며, 우리가 자신을 스스로 돕기 때문에 세계 또한 도울 수 있다는 사실을 우리가 기꺼이 받아들였기에 이런 일이 가능했습니다.

셜리 치좀

미국 하원의원

Shirley Chisholm
Member of the United States Congress(1969~83)

66

Women that do not conform to the system, who try to break with the accepted patterns, are stigmatized as 'odd' and 'unfeminine'.

이 체제를 따르지 않는 여성, 기존의 양식과 결별하려는 여성들은
'이상하다' 혹은 '여자답지 않다'라는 낙인이 찍힙니다.

99

Shirley Chisholm

셜리 치좀은 흑인 여성으로는 최초로 의원에 당선되었으며, 1969년 남녀평등 헌법의 수정안 통과를 위해 열정적 논의를 개진했다. 1921년에 처음 발의되었으나 오늘날에도 여전히 온전하다고 할 수 없는 이 수정안의 지지자들은 성별을 떠나 모든 미국 시민을 위해 법으로 평등한 권리를 보장해 주는 수정안을 만들고자 했다. 이 수정안에는 결혼 및 이혼법뿐 아니라 직장 내 보호 조항도 포함되어 있었다. 1960년대 말, 새롭게 결성된 전미여성기구National Organization for Women 의 지지를 받아 남녀평등 수정안이 통과되는 결정적인 순간이 다시 부상했고, 치좀은 이 일에 일조했다.

치좀은 미국 하원의원들 앞에서 명징한 언어로 여성을 직장에서 뒤처지게 하는 편견들에 대해 연설했다. 카리브해 이민자 가정에서 태어난 치좀은 성차별주의와 고정관념 그리고 인종차별이 이에 깊이 관련되어 있다는 점을 끌어냈다. 통계 자료를 근거로 불평등에 대해 그녀가 개진한 논지는 분명하다.

"여성은 경영진 중 오로지 2퍼센트에 불과합니다. 아직도 전시성 지위에조차 이르지 못하고 있습니다."

또한, 치좀은 대법관에 임명된 여성이 한 명도 없으며, 여성 상원의원이 한 명, 여성 하원의원이 10명뿐이라는 사실 역시 지적했다.

"미국에 여성이 남성보다 3천 5백만 명 많다는 점을 고려할 때, 이 상황은 참으로 터무니없습니다."

치좀은 뉴욕주를 대표하는 하원의원으로 1983년까지 하원의원직을 수행했다. 1972년에는 흑인으로서 그리고 여성으로서 처음으로 민주당 대통령 후보 경선에 나서기도 했다. 치좀의 선거 캠페인 구호는 치좀에게 아주 잘 어울렸다.

'누구도 매수할 수 없고, 누구의 하인도 아닌.'

남녀평등
1969년

Equal Rights for Women

의장님, 대학을 졸업하고 일자리를 찾을 때 여성은 좌절감을 느끼게 됩니다. 심지어 비하당하기까지 합니다. 면접하러 회사에 가면 듣는 첫 번째 질문이 "타자를 할 줄 아나요?"니까요.

이 질문 기저에는 말로는 하지 않으나 편견의 교묘한 체계가 명백히 숨어 있습니다. 여성이 비서나 사서나 교사가 되는 건 왜 괜찮고, 경영자나 행정가나 의사나 법률가나 의회 의원이 되는 건 왜 말도 안 되는 일이어야 합니까?

말로 하지 않는 전제는 바로 여자는 다르다는 거죠. 중역이 될 능력이 없고, 논리적인 이성이 없고, 안정성이 떨어지고, 리더십이 부족하고, 너무 감정적이라는 겁니다.

오랫동안 사회가 다른 소수 그룹인 흑인을 같은 근거로 차별해 왔고 이들 역시 다르고 열등하다고 치부해 왔다는 건 이미 밝혀진 바 있습니다.

흑인인 저는 인종에 관한 편견이 낯설지 않습니다. 그런데 정계에서 저는 흑인이라는 이유보다 여자라는 이유로 훨씬 더 자주 차별을 겪습니다.

Shirley Chisholm

물론, 법이 하룻밤 사이에 뿌리 깊은 문제들을 뚝딱 고칠 수는 없습니다. 하지만 가장 학대당하는 이들에게 보호 장치를 제공하고, 무심한 다수에게 무의식적인 태도를 재점검하라고 강요함으로써 점진적인 변화를 이루어 가는 데 법이 일조할 수는 있습니다.

지난 40년간 매번 의회에서 제기되어 왔고 조만간 이 나라의 기본법 일부가 되어야 하는 제안인, 남녀평등 헌법 수정안을 오늘 이 자리에서 소개하고 싶은 이유는 바로 이것입니다.

차별은 명백히 존재합니다. 남성에게 있는 기회가 여성에게는 없습니다. 그리고 이 체제를 따르지 않는 여성, 기존의 양식과 결별하려는 여성들은 '이상하다' 혹은 '여자답지 않다'라는 낙인이 찍힙니다. 사실은 이렇습니다. 위원회의 의장이나 국회의원이 되고자 하는 여성은 남성과 똑같은 이유로 그 자리를 원할 뿐입니다. 기본적으로 자신이 그 일을 할 수 있다고 생각해서 해 보려는 겁니다.

국가는 근로자를 보호하고, 이들에게 공평한 임금과 안전한 근로 환경을 제공하며, 이들이 질병과 해고로부터 보호와 존엄을 유지하며, 편안하게 은퇴할 수 있도록 해 주어야 합니다. 그렇기에 법률적 보장이 필요합니다. 남녀 모두에게 이런 지원이 똑같이 필요합니다. 한쪽 성이 다른 성보다 보호가 더 필요하다는 것은, 사회가 스스로 치유한다는 백인 우월주의자들의 그릇된 통념만큼이나 우스꽝스럽고 가치 없는 남성 우월주의자의 그릇된 통념입니다.

Shirley Chisholm

루스 베이더 긴즈버그

미국 연방 대법관

Ruth Bader Ginsburg

Supreme Court Justice(1993~)

66

These distinctions help keep woman in her place, a place inferior to that occupied by men in our society.

성 구분은 여성들을 있는 자리에 그대로,
사회에서 남성들이 점해 온 자리보다 열등한 자리에
그들을 가두는 데 일조합니다.

99

Ruth Bader Ginsburg

1956년, 루스 베이더 긴즈버그가 하버드대학 법대에 입학했을 때 여학생은 아홉 명에 불과했다. 남학생이 500명에 달하는 데 비해 실로 적은 수가 아닐 수 없었다. 몇 년 후인 1970년, 긴즈버그는 럿거스대학 법대 교수로 재직하면서 여성과 법에 대한 미국 최초의 강좌 중 하나를 강의했으며 얼마 안 되지만 지원금을 받아내기도 했다. 거의 같은 시기에 긴즈버그는 성차별을 철폐하는 데 효과적일 듯한 사건들의 변론을 맡으며 성차별 철폐를 위한 움직임을 공적으로 조직화했는데, 그녀의 목표는 성性을 인종과 마찬가지로 '용의자 분류' 체계임을 대법원이 인정하도록 하는 것이었다. '용의자 분류'는 '엄격한 검토'를 위한 기준을 유지하는 구분 체계이다.

1973년 긴즈버그는 항공사 직원 샤론 프론티에로가 자신의 피부양 남편이 항공사 남자 직원의 피부양 아내가 받는 것과 같은 복지 수당을 받게 해 달라며 제기한 프론티에로 대 리처드슨 소송 건을 맡았다.

법정에서 그녀는 성적으로 편향된 법률이 여성에게 불리하게 작용하는 방식을 나열하며 폭풍 같은 변론을 펼쳤으며 —과거의 노예제 폐지론자인 사라 그림케의 말을 인용하기도 했다—, 대법원은 프론티에로의 손을 들어 주었다.

　　윌리엄 브레넌 판사는 판결문에 그렇게 적었다.

　　'이 나라의 성차별에 길고 불행한 역사가 있다는 사실에는 의심의 여지가 없다. 그리고 전통적으로 이러한 차별을 로맨틱한 가부장주의라는 말로 합리화한다. 그러나 이것은 여성을 발판 위에 올려 주는 것이 아니라 우리에 가두는 결과를 빚을 뿐이다.'

프론티에로 대 리처드슨 사건 변론
1973년

Argument in Frontiero v. Richardson

성性은 인종과 마찬가지로 능력과 필연적 관계가 없는, 가시적이며 변경 불가능한 특징입니다.

오늘날 여성들은 소수자 그룹이 겪는 차별보다 더 널리 퍼져 있으며 미묘하기까지 한 방식으로 고용 차별을 겪습니다.

직업 교육과 고등 교육에서도 마찬가지입니다. 여성에게 주어지는 할당량은 이미 제한적입니다. 인종이 다르다는 이유로도 그것을 제한받지 않는 현시대에서 말입니다.

연방 정부와 입법부 및 행정부, 고위 공무직인 사법부 재판장과 연방 정부, 주 정부 및 지방 정부의 임명직에서 여성의 부재는 더욱 두드러집니다. 성 구분은 '고저트 대 클리어리 소송 건'과 마찬가지로 남성에게 더 적합하다고 여겨지는 직종에서 여성을 배제하며 낙인 효과를 낳습니다. 성 구분은 여성에게만 작업 시간을 제한하는 데 사용되며 이 역시 낙인 효과를 낳습니다. 성 구분은 모든 여성이 가정과 양육을 우선시하기에 배심원 임무를 수행하는 시민의 기본 책임을 지지 않아도 된다고 추정하면서 낙인 효과를 발휘합니다.

이렇듯 성 구분에는 공통적인 효과가 있습니다.

성 구분은 여성들을 있는 자리에 그대로, 사회에서 남성들이 점해 온 자리보다 열등한 자리에 그들을 가두는 데 일조합니다.

대법원에 성性을 용의자 분류로 공표해 달라고 요청합니다. 그리고 1837년 사라 그림케가 강력히 요구했던 지위를 여성에게 줄 것을 촉구하는 바입니다.

사라 그림케는 이렇게 말했습니다.

"여성에게 특혜를 달라는 말이 아닙니다. 다만 우리 목을 짓누르는 여러분의 발을 좀 치워 달라고 요청하는 것뿐입니다."

Ruth Bader Ginsburg

I believe in the gay power.
I believe in us getting our rights,
or else I would not be out there
fighting for our rights.

저는 게이 파워를 믿습니다.
우리가 우리의 권리를 반드시 쟁취해야 한다는 사실도 뚜렷하게 인식하고 있습니다.
그렇기에 저는 이렇게 나와 분연히 싸우고 있습니다.

실비아 리베라

LGBTQ 운동가

Sylvia Rivera

LGBTQ Activist

Sylvia Rivera

1973년 LGBTQ[10] 운동가 실비아 리베라는 뉴욕시에서 열린 크리스 토퍼 스트리트 데이[11] 집회 중 무대로 뛰어 올라가 마이크를 잡았다. 성 소수자 그룹 내에서도 소수자 그룹인 성전환자 그룹의 목소리를 대변하기 위해서였다. 그때까지 연설할 기회조차 거부당했던 그녀의 정의로운 분노는 그녀의 카리스마에 실려 온전히 쏟아졌다. 청중은 처음에는 야유와 비난을 퍼부었지만, 점점 그녀의 연설에 사로잡혔다. 얼마 후 청중은 "게이 파워!"라고 외치며 그녀를 응원하게 되었다.

어린 나이에 고아가 된 리베라는 거리에서 힘든 10대 시절을 보냈다. 그 와중에 그녀는 그곳에서 드래그 퀸을 자신의 페르소나로 삼았으며, 종종 성 노동에 종사했다. 1970년 친구 마샤 P. 존슨과 '거리의 성전환자 혁명가들 STAR: Street Transvestite Action Revolutionaries'이라는, 집 없는 젊은 성 소수자에게 보호처와 지원을 제공하는 단체를 공동 설립했다. 이렇게 이들은 십 대들과 가출 청소년들에게 머물 곳을 제공했다.

푸에르토리코와 베네수엘라 이민의 후손인 미국인 리베라는 자신을 종종 인종차별, 성 정체성, 젠더 비관행[12]에 기반한 편견들이 중첩된 존재로 봤다. 그리고 이러한 편견들은 초기에는 성전환자 문제를 우선시하지 않았던 LGBTQ 공동체 안에서 그녀가 활동하는 데 걸림돌이 되기도 했다.

리베라는 스톤월 항쟁에 적극적으로 참여했으며, 게이해방전선과 게이활동가연합의 초기 일원으로 활동하며 필사적으로 투쟁했다.

---

10 레즈비언(Lesbian), 게이(Gay), 양성애자(Bisexual), 성전환자(Transgender), 성 소수자(Queer)를 합쳐서 부르는 단어이다.
11 1969년 미국 맨해튼의 한 술집 스톤월 인을 경찰이 급습하여 벌어진 '스톤월 항쟁'을 기리기 위한 행사로 미국에서는 뉴욕과 L.A.에서 항쟁 1주년을 기리며 처음 시작되었다.
12 Gender Nonconformity 젠더 이분법에 맞지 않는 젠더 표현을 하는 사람들이다. 젠더 체계에 대한 도전으로 여겨져 차별을 받기도 한다.

여러분, 부디 목소리를
조금 낮춰 주실 수 있을까요?
1973년

Y'all Better Quiet Down

여러분, 부디 목소리를 조금 낮춰 주실 수 있을까요?

감옥에 갇힌 여러분의 게이 형제자매들을 위해 여기 올라오려고 온종일 용을 쓴 저를 좀 배려해 주실 수 없을까요?

여러분은 흠씬 두들겨 맞고 강간당한 뒤 투옥되어 본 적 있습니까? 지금 한 번 생각해 보십시오. 흠씬 두들겨 맞고 강간당한 사람들이 있습니다. 그들은 바로 성전환하려고 투쟁했던 혹은 여자가 되려고 투쟁했던 사람들입니다. 이들은 자신을 여성이나 남성이라고 쓰지도 않고 'STAR'라고 씁니다. 왜냐하면 우리가 이들을 위해 무언가를 하려고 하기 때문입니다.

저는 감옥에 갔다 온 적 있으며, 강간을 당하기도 했습니다. 그리고 흠씬 두들겨 맞은 적도 있지요. 그런 일을 당한 적이 한두 번이 아닙니다. 남자들, 그것도 동성애자 임시 보호소의 이성애자 남자들에게 당한 일입니다. 그런데 여러분은 이런 저를 돕기 위해 무엇을 하셨습니까?

아니요. 당신들은 아무것도 하지 않았습니다. 그저 세 번째 다리나 두 다리 사이에 숨기라고역자 주- 남자들이 가끔 성기를 다리 사이에 숨겨 여자인 척하는 놀이를 하는 걸 뜻함 하죠. 저는 이런 거지 같은 상황을 절대로 참지 않을 겁니다. 얻어맞고 코가 부러진 게 어디 한두 번이어야지요!

저는 감옥에 갇히기도 했고, 일자리도 잃었습니다. 게이해방운동에 참여했다고 살던 아파트에서도 쫓겨났습니다. 여러분은 어째서 저를 이렇게 대하십니까? 대체 왜 이러시는 겁니까?

저는 게이 파워를 믿습니다. 우리가 우리의 권리를 반드시 쟁취해야 한다는 사실도 뚜렷하게 인식하고 있습니다. 그렇기에 저는 이렇게 나와 분연히 싸우고 있습니다. 와서 'STAR' 하우스를 봐주십시오. 그곳에는 우리를 위해 무언가를 해 주려고 노력하는 사람들이 있습니다. 하지만 백인 중산층에 속하는 남녀는 없더군요. 그런데 여기 모인 여러분은 바로 그 백인 중산층이지 않습니까!

바로 지금이 혁명을 일으킬 때입니다.

'G'라고 외쳐 주십시오! 'A'라고 외쳐 주십시오! 'Y'라고 외쳐 주십시오! 'P'라고 외쳐 주십시오! 'O'라고 외쳐 주십시오! 'W'라고 외쳐 주십시오! 'E'라고 외쳐 주십시오! 'R'이라고 외쳐 주십시오! 더 크게!

모두 외칩시다.

게이 파워!

시몬 베유

프랑스 보건부 장관

Simone Veil

French Minister of Health(1974~79)

"

I would like first of all to share with you a belief held by all women –any woman seeking an abortion does so with a heavy heart. You just have to listen to the women….

저는 모든 여성이 지닌 믿음을 여러분과 공유하고 싶습니다.
여러분은 낙태를 선택한 여성의 마음이 얼마나 무거운지 반드시 이해하셔야 합니다.
그리고 그 여성의 목소리를 들으셔야 합니다.

"

Simone Veil

19⁴⁴년 16세의 시몬 자콥은 어머니 그리고 자매들과 함께 폴란드에 있는 아우슈비츠 비르케나우 수용소로 강제 이송되었다. 프랑스 니스의 프랑스계 유대인 가정에서 태어난 시몬 자콥은 대입 바칼로레아 수업을 막 수료한 참이었다.

불행히도 시몬의 아버지, 오빠, 어머니는 전쟁에서 살아남지 못했다. 오로지 시몬과 자매들만 살아남았다. 프랑스로 돌아온 시몬 자콥은 파리에서 법을 공부하며 두각을 나타냈고, 공무원인 앙투안 베유와 결혼했다. 1974년에는 보건부 장관이 되어 피임법을 제정하는 등 여성 인권 신장에 크게 이바지했다. 5년 후 여성으로는 최초로 유럽의회 의장으로 선출되기도 했다.

시몬 베유의 대표적 공로는 프랑스에서 낙태를 성공적으로 합법화한 것이다. 1975년 이전만 해도 프랑스에서 낙태 시술은 불법이었고 낙태를 하면 사회적으로 엄청난 낙인이 찍혀야 했다. 프랑스에서 마지막으로 기요틴의 이슬로 사라진 마리 루이즈 지로는 비시 정권 동안 생활고에 시달리다가 1943년

이전에 27번의 낙태를 시술했다. 1974년, 거의 남성들로 가득 찬 프랑스 의회에서 시몬은 임신 10주까지—이후 12주까지로 확대되었다—낙태를 합법화하는 법안에 깔린 논리를 설파했다.

그녀는 조심스럽게 고른 말들로 토론의 틀을 잡았고, 새로운 법안, '베유법'으로 알려지게 된 이 법이 이미 벌어지고 있는 시술을 더 안전하게 만드는 수단일 뿐이라고 말했다.

2017년, 89세를 일기로 사망했을 때 시몬 베유는 프랑스에서 널리 존경받는 공인으로 자리를 잡았다. 2018년, 대규모 공공 추모식이 거행되었으며, 시몬 베유는 프랑스에 가장 사랑받는 남녀—그중 마리 퀴리를 포함해서 여자는 4명뿐이지만—72명과 나란히 판테온에 묻혔다.

낙태법 제정을 제안하기 위한 의회 연설
1974년

Speech to Parliament on Abortion Law

저는 오늘 이 자리에, 이 의회에, 보건부 장관으로, 여성으로 그리고 이 의회의 일원이 아닌 자로 이 나라의 선출 의원분들께 낙태 합법화 법안 제정이라는 의미심장한 변화를 제안하러 이 자리에 섰습니다.

이 문제가 해결하기 무척 어렵다는 사실을 저는 익히 알고 있습니다. 하지만 우리가 함께 짊어져야 하는 막중한 책임감을 온전히 인식하기에 진심으로 겸손한 마음을 품은 채 이 제안을 올립니다. 그리고 행정부 내부에서 광범위하게 고려하고 여러 토론을 거친 하나의 프로젝트, 그러니까 프랑스 공화국 대통령의 표현을 빌리자면, 혼돈과 불평등을 종식하고 우리 시대의 큰 난제인 이 문제를 깊이 모색하며, 인간적인 해법을 끌어내는 데 그 목표를 둔 이 프로젝트가 반드시 실행되어야 한다고 강하게 확신했기에 이 자리에 서 있기도 합니다.

이 문제의 심각성은 공적 권위가 더는 책임을 회피할 수 없는 지점까지 이르렀습니다. 지난 수년간 진행된 연구와 작업, 공청회, 유럽 국가들의 전례, 이 모든 것이 이를 뒷받침하고 있습니다. 그리고 여러분 대부분도 느끼고 계실 겁니다. 더는 불법 낙태를 멈출 수 없으며, 현행법에 따라 처벌 대상인 모든 여성에게 형법을 적용할 수도 없다는 사실도 이미 알고 계실 겁니다.

낙태는 예외로 남아야 합니다. 절망적인 상황에서, 여성이 최후로 의지할 수단이 되어야 합니다. 하지만 낙태를 특별한 예외로 받아들이면 행여 이 사회가 낙태를 권장하는 사회로 보일까 걱정되시지요?

대부분 남성으로만 구성된 의원분들 앞에서 이런 말을 해야 한다니 심히 유감이나, 저는 모든 여성이 지닌 믿음을 여러분과 공유하고 싶습니다. 여러분은 낙태를 선택한 여성의 마음이 얼마나 무거운지 반드시 이해하셔야 합니다. 그리고 그 여성의 목소리를 들으셔야 합니다.

낙태는 과거에도 비극이었으며, 현재에도 비극이며, 미래에도 여전히 비극으로 남을 겁니다. 법은 이런 여성들을 치욕과 수치와 고립 속으로 쫓아 버릴 뿐 아니라 익명성과 소송의 두려움 속으로 밀어 넣고 있습니다. 게다가 임신을 숨길 수밖에 없는 사회적 분위기 속에서 원치 않은 임신을 했더라도 여성은 목소리를 제대로 내지 못하고, 조언도 듣지 못하며, 제대로 된 보호나 지원을 받지도 못합니다.

낙태법 제정을 반대하는 이들 중 몇 명이 이런 곤경에 처한 여인들을 돕는 데 관심이 있다고 생각하십니까? 이들 중 몇 명이 낙태를 범법 행위로 간주하는 한계를 넘어서서 어린 싱글맘들에게 정말로 필요한 이해와 도덕적 지원을 해 주는 법을 알고 있다고 생각하십니까?

인디라 간디

인도 총리

Indira Gandhi

Prime Minister of India(1966~77; 1980~84)

We need women to be more
interested, more alive and more
active not because they are women
but because they do comprise half
the human race.

우리는 더 많이 흥미를 느끼고, 더욱더 생생해지고,
한층 더 적극적으로 행동할 필요가 있습니다.
우리가 비단 여성이라서만이 아니라, 우리가 인류의 절반을 구성하고 있기 때문입니다.

Indira Gandhi

인 디라 간디는 인도 최초의 여성 수상으로 1966년 선거에 당선되었고,
1984년 암살되기까지 인도의 수상직을 총 4회 역임했다.

인도 최초의 수상 자와할랄 네루의 딸로 태어난 인디라 간디는 정계로 뛰어들 운명을 타고났다고 볼 수 있다. 공격적인 전쟁 정책과 권력의 중앙 집중화를 추구했기에 — 그녀는 1975년부터 1977년까지 계엄령을 선포하여 정권을 장악했다 — 인도에 무척 복잡한 유산을 남기기도 했다.

1980년, 네 번째로 수상에 당선되었을 때 인디라는 뉴델리에 있는 여성 역량 강화 단체인 전인도여성협의회 AIWC: All-India Women's Conference 본부 건물 개관식에서 연설한 적 있다.

"저는 페미니스트가 아니라고 종종 말했습니다."

인디라는 이렇게 말문을 열었다.

"하지만 사회적 약자들을 마땅히 배려해야 하는 위치에 있는 제가 역사가 시작될 때부터 사회 관습과 법률에 지배받으며 차별받아 온 여성들을 어찌 소홀히 대하겠습니까?"

인디라는 공식적으로는 '페미니스트'라는 용어와 거리를 두었지만, 세계에서 가장 큰 민주주의 국가의 수반이라는 그녀의 지위는 여성 잠재력의 상징이 되고도 남는다.

극심한 가부장적 사회에서 간디는 성을 초월한 듯한 모습을 보였다. 아마도 나약해 보이지 않을까 하는 두려움 때문에 자신의 성에 대해 거론하기를 피한 건 아니었을까?

하지만 전인도여성협의회의 연단에 오른 그녀는 1900년대 초로 거슬러 올라가는 인도 여성의 다채로운 여성운동 — 하지만 그보다 앞선 시기의 인도 여성들 또한 여러 단체를 조직해 여성의 교육 기회 신장, 조혼 금지, 공평한 이혼법을 위해 투쟁했다 — 역사에 찬사를 보냈다. 그리고 여성을 사회의 온전한 참여자로 인정할 필요성을 강조했다.

"자신을 위해 여성을 배제함으로써, 남성은 더욱 온전한 해방과 성장의 기회를 스스로 박탈하고 있습니다."

여성의 해방

1980년

True Liberation of Women

서구에서 소위 여성의 자유란 종종 남성 모방의 동의어였습니다. 솔직히 말하자면, 그건 단순히 어떤 한 구속을 다른 유형의 구속으로 바꾼 데 지나지 않습니다. 여성이 진정한 의미의 해방을 누리려면, 남성과 경쟁하지 않아야 합니다. 여성 자신만의 고유한 역량과 인성이라는 맥락 속에서 여성 스스로 자유로워야 합니다.

우리는 더 많이 흥미를 느끼고, 더욱더 생생해지고, 한층 더 적극적으로 행동할 필요가 있습니다. 우리가 비단 여성이라서만이 아니라, 우리가 인류의 절반을 구성하고 있기 때문입니다. 좋든 싫든 우리는 그 책임을 회피할 수 없고, 책임이 주는 혜택을 받지 못해서도 안 됩니다.

인도 여성들은 전통적으로 보수적이지만, 적응하고 흡수하는 융합에 천부적 재능을 지녔습니다. 덕분에 인도 여성들은 고통에 굴하지 않으며, 차분히 역경에 대처하며, 꾸준히 변하는 동시에 변함없는 모습을 유지할 수 있었습니다. 그리고 이게 바로 우리 인도의 힘이기도 합니다.

오늘의 주요 현안은 다음과 같습니다.

첫째, 선진국과 개발도상국 간의 경제적·사회적 불평등입니다.

둘째, 지배하고자 하는 욕망이 수없이 많은 방식으로 발현되면서 그중 가장 위험한 욕구가 군비 경쟁으로 치닫고 있다는 점입니다. 데스 위시death wish, 죽음에 대한 동경 라고 부를 수밖에 없는 이 상황을 인간의 지혜로 어찌 극복할 수 있을지에 대한 불안감입니다.

마지막으로 셋째, 하나밖에 없는 지구를 인간의 강탈과 착취로부터 보호할 필요성입니다. 최근에서야 우리는 자연과 자원의 균형에 우리가 전적으로 의존하고 있다는 오래된 진실을 각성했습니다.

아무리 진보한 국가들이 나선다 해도, 몇몇 힘으로는 이 엄청난 난제들에 대적할 수 없습니다. 그 외 다른 국가들은 다른 방향으로 끌려가거나 그저 이 상황을 무심하게 지켜볼 뿐입니다.

이 문제들을 해결하려면 모두가 깨닫고 힘을 모으는 보편적인 노력이 따라야 합니다. 이 일에 힘을 보태지 못할 만큼 작은 존재란 이 세상에 없습니다. 이 노력에 종교와 카스트와 성별을 떠나 모든 국적과 계급이 동참해야 합니다.

마거릿 대처

영국 총리

Margaret Thatcher
Prime Minister of Great Britain(1979~90)

You turn if you want to.
The lady's not for turning.

그러고 싶으시면 여러분이나 유턴하십시오.
숙녀에게 유턴이란 있을 수 없습니다.

Margaret Thatcher

논란이 끊이지 않기는 해도, 마거릿 대처는 영국 역사상 최장기간 수상 직에 있었으며, 영국 최초의 여성 수상이라는 영예로운 타이틀을 지녔다. 재임 11년 동안 대처리즘으로 알려진 신조를 앞세웠고, 이는 규제 철폐, 작은 정부, 자유 시장을 골자로 하고 있다. 재임 동안 소련 연방에 대한 강경한 태도를 취하면서 '철의 여인'이라는 별칭을 얻었고, 그녀는 이를 자랑스럽게 생각하기도 했다. 하지만 동시대 비평가들은 높은 실업률을 낳은 가혹한 정책을 구사했다고 그녀를 비판했다. 권력을 가진 남자들이 지배하던 정계에서 오랫동안 경력을 유지하면서 대처는 줄곧 호의적이지 않은 발언들—그중 다수가 성차별적인 발언들이었다—을 들었다. 하지만 그녀는 그것을 귓등으로 흘렸으며 흐트러지지 않고 균형을 유지했다.

1970년대, 보수당 대표로 부상하는 동안 대처는 연설 개인지도를 받았다. 앞선 많은 여성 정치가를 '쟁쟁거린다고' 깎아내린 언론에 대항하기 위해서였다. 그녀는 자신의 목소리를 더 낮게, 더 지배적인 어조로 바꾸고자 했다.

1980년, 수상으로 선출되고 1년 후 대처는 브라이턴에서 열린 보수당 전당 대회에서 연설했다. 이 연설에서 대처는 그동안 훈련해 온 어조를 한껏 살려 자신의 기량을 펼쳤다. 명확하고 여유 있는 목소리에 청중을 매료시키는 유머와 건조한 위트를 구사하며 대처는 당의 비전을 설파했다.

그러다 훼방꾼들이 끼어들었을 때, 대처는 잠시 연설을 멈추며 이렇게 말했다.

"괜찮습니다. 밖에 비가 와 잠시 비를 피하고 싶은 모양이니 뭐라고 하지 마십시오. 토리당이 머무는 곳은 언제나 더 화창하니까요."

논란의 소지가 있는 경제 정책 중 일부가 전복될 가능성이 있다고 언급하며, 대처는 연설 중 유명한 한 구절, 이후 이 연설의 제목이 된 말을 했다.

"그러고 싶으시면 여러분이나 유턴하십시오. 숙녀에게 유턴이란 있을 수 없습니다."

숙녀에게 유턴은 있을 수 없다
1981년

The Lady's Not for Turning

양식이 있는 사람들은 직장에서 제대로 일하고 싶어 합니다. 월급 값을 하라는 억압이나 위협을 받지 않은 채 말입니다.

양식이 있는 사람들은 정직은 조롱받지 않고 존중받는다고 믿습니다.

양식이 있는 사람들은 범죄와 폭력은 사회뿐 아니라 자신들의 질서정연한 삶에도 위협적이라고 생각합니다.

양식이 있는 사람들은 진보나 표현의 자유라는 미명 아래 자신들의 노력이 매일매일 좌절될 수 있다는 두려움 없이, 믿음 속에 자녀를 키우고 싶어 합니다.

행복하게 하나 된 가족에게는 세대 차가 없습니다. 사람들은 일반적으로 받아들여지는 기준에 기대어 살기를 바랍니다. 이런 기준이 없으면 사회는 없는 것이나 진배없고 목적 없는 무정부 사회가 될 뿐이니까요.

건강한 사회는 제도만으로 만들어지지도 않습니다. 위대한 국가는 국민에 의해 자발적으로 구성됩니다. 민족 공동체에 속한다는 것 자체가 보상이므로 거기에서 자부심을 느낄 수 있고, 자신들이 자랑스러워하는 공동체에 자신들이 어떤 공헌을 할 수 있을지에 대해 잘 이해하고 있는 남녀로 이루어져 있습니다.

우리 국민이 자신을 이 위대한 국가의 일부라고 느끼고 이 나라를 위대하게 유지하는 데 필요한 수단으로 자신을 기꺼이 쓸 준비가 되었다면 이 나라는 위대한 국가가 될 것이고 계속 위대한 국가로 남을 겁니다.

그럼, 무엇이 우리가 위대한 국가로 나아가는 데 걸림돌이 되리라 보십니까? 무엇이 우리의 앞길을 막는다고 생각하십니까? '불만의 겨울'[13]이 또 온다는 전망일까요?

저는 그럴 수 있다고 생각합니다.

하지만 제게는 경험을 통해 얻은 교훈이 있으므로 우리가 느리고 힘겹게 이해의 가을로 접어들고 있다고 믿으려 합니다. 그리고 바랍니다. 그 가을의 끝자락에서 상식의 겨울이 오기를 말입니다. 만약 그렇게 되지 않는다면, 우리는 기존에 걷던 길에서 방향을 바꿀 수 없게 됩니다.

이 자리를 빌려 '유턴'이라고 하는 언론의 캐치프레이즈를 보면서 숨죽인 채 기다리는 분들에게 말씀드립니다.

"그러고 싶으시면 여러분이나 유턴하십시오. 숙녀에게 유턴이란 있을 수 없습니다."

---

13 Winter of discontent, 셰익스피어의 작품 『리처드 3세』에서 따온 구절이며, 1978년에서 1979년까지 노조가 대대적으로 파업을 벌였던 시기를 이른다. 노동당 정권은 이 파업으로 대처가 이끄는 보수당에 패배했다.

어슐러 K. 르귄

소설가

Ursula K. Le Guin
Novelist

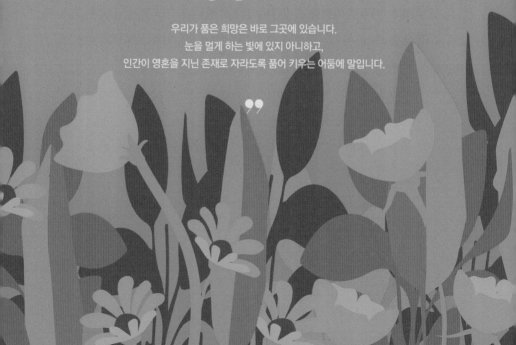

"

What hope we have lies there…. Not in the light that blinds, but in the dark that nourishes, where human beings grow human souls.

우리가 품은 희망은 바로 그곳에 있습니다.
눈을 멀게 하는 빛에 있지 아니하고,
인간이 영혼을 지닌 존재로 자라도록 품어 키우는 어둠에 말입니다.

"

Ursula K. Le Guin

소설가 어슐러 K. 르귄이 「왼손잡이 졸업 축하 연설」을 1983년 베이 에어리어에 자리한 여대, 밀스대학에서 했을 때 그녀는 자칭 '여성의 언어'로 부르는 언어를 썼다.

르귄은 졸업 축하 연설이란 보통 남학생 청중이 듣는다는 전제가 깔려 있음을 인정하면서 말문을 열었다. 그러면서 "그래서 우리가 지금 남자가 입으면 멋져 보이지만 여자가 입으면 버섯이나 새끼 밴 황새 같아 보이는 12세기 옷을 입고 서 있는 겁니다"라는 농담을 던졌다.

그녀는 또 이렇게 말했다.

"지적 전통은 남성적입니다. 대중 연설은 공적인 언어, 민족 혹은 부족의 언어로 행해집니다. 그리고 우리 부족의 언어는 남성의 언어입니다."

성性이 정해져 있지 않은 종족이 사는 행성을 묘사한, 유명한 공상 과학 소설, 『어둠의 왼손』의 저자인 르귄은 이러한 언어들로 의사소통을 하고 싶지 않다고 했다. 성공이란 다른 이의 실패를 의미하기에 성공이나 권력을 논하고 싶지도 않다고 했다. 이것들이 남성적 전통에 속한다고 보았기 때문이다.

르귄은 여대 졸업생들에게 원한다면 자녀를 가지라고 기원한 뒤 '마초맨'이라고 명명한 가부장제를 격하게 부정하면서 연설의 물꼬를 텄다. 그리고 청중에게 실패를 수용하고 여성들의 나라에서 토착민으로 살라고 권했다.

"권력에 대해 말하는 대신 바로 여기 공적인 곳에서 여성처럼 말해 보면 어떨까요?"

왼손잡이 졸업 축하 연설

1983년

A Left-Handed Commencement Addres

인간이기에 여러분은 실패와 마주하게 될 겁니다.

실망과 불평등, 배신과 회복 불가능한 상실과도 마주하게 될 겁니다.

강하다고 생각했던 부분에서 자신의 연약함을 발견하기도 할 겁니다.

무언가를 소유하려고 일했는데 되레 그것이 여러분을 소유하게 되었
다는 사실을 깨닫기도 할 겁니다.

이미 그래 본 적 있으리라 생각하지만, 어두운 곳에서, 혹은 홀로, 아니
면 두려운 상태에 놓인 자신과 대면하기도 할 겁니다.

때문에 저는 여러분 모두가, 그러니까 자매와 딸과 형제와 아들이 그
어두운 곳에서 살 수 있게 되기를 바랍니다.

성공을 합리화하는 문화권은 그곳을 일러 유배지, 거주 불가능한 곳,
혹은 외국이라고 부릅니다. 어차피 우리 여성은 이미 외국인입니다. 이
사회에 사는 여자로서의 여성은 남성의 규범에서 대부분 배제되었고 대
체로 낯선 존재이기 때문입니다. 이 사회는 인간을 남성을 뜻하는 맨Man

으로 통칭하고, 남성인 유일신을 숭배하며, 위로 올라가는 것 외에는 관심이 없습니다.

여기는 남성의 나라입니다. 그러므로 우리는 우리 여성의 나라를 탐험해야 합니다.

이 남성의 나라에서 여성은 무기력과 연약함과 아픔, 불합리와 회복 불가능, 불분명하고 수동적이고 제어 불능에 동물적이고 깊디깊은 그림자가 드리워진 계곡 같은 부정함, 삶의 깊이 등등 남성이 회피하는 모든 것을 책임지는 삶을 줄곧 살아왔습니다.

예, 그것이 이 나라가 품은 밤의 영토입니다. 낮의 영토도 있지만, 우리는 아직 그곳에 도달하지 못했습니다.

남성의 방식을 모방하듯 그곳에 가려고 해서는 절대로 안 됩니다. 우리만의 방식대로 살기 위해, 우리가 그곳에서 살 수 있기 위해, 밤을 이기기위해 우리는 그곳으로 가야 합니다.

저는 희망합니다. 당신이 그곳에서 죄수가 아닌 삶을 살기를.

자신이 여성임을 수치스러워하지 않는 나날이 이어지기를.

사이코패스적 사회 시스템에 속박당하는 상황에서 벗어나 그곳의 토착민으로 살아갈 수 있기를.

그곳에서 당신은 잘하든 못하든 일하게 될 것입니다.

그러다가 실패와 패배 그리고 고통이라는 어둠에 휩싸일 수도 있습니다. 하지만 그 어둠 또한 우리가 사는 그곳의 모습임을 잊지 마십시오. 그곳은 여러분이 사는 곳입니다. 어떤 전쟁도 일어난 적 없고, 어떤 전쟁에서도 승리한 적 없지만, 우리의 미래가 있는 곳입니다.

우리의 뿌리는 어둠 속에 자리 잡았으며, 그 땅은 우리의 나라입니다.

Ursula K. Le Guin

우리가 왜 주변을 둘러보거나 아래를 내려다보지 않고 그저 위만 바라보며 축복을 갈구해야 합니까?

우리가 품은 희망은 바로 그곳에 있습니다. 눈을 멀게 하는 빛에 있지 아니하고, 인간이 영혼을 지닌 존재로 자라도록 품어 키우는 어둠에 말입니다.

바버라 맥클린톡

과학자 · 세포 유전학자

Barbara McClintock

Scientist and Cytogeneticist

"

Instead of causing personal diffculties, this long interval proved to be a delight. It allowed complete freedom to continue investigations without interruption, and for the pure joy they provided.

개인적으로 어려움을 겪었다기보다 오히려 이 오랜 시기가 제게는 기쁨이었습니다.
방해받지 않고 오로지 연구의 순수한 기쁨만을 위해 연구를 계속할 수 있는
완벽한 자유를 누렸는데 어찌 감사하지 않을 수 있을까요!

"

Barbara McClintock

1983년, 바버라 맥클린톡은 획기적인 연구로 노벨 생리·의학상을 받았다. 이 상은 그녀가 이미 수십 년 전에 한 발견을 뒤늦게 인정받은 결과였다. 1940년대 후반, 맥클린톡은 옥수수 이삭에 달린 알맹이의 색상 패턴과 같은 유전적 특징들이 어떻게 세대를 거듭하며 변하는지 관찰했다. 노벨상 위원회는 1940년대와 1950년대에 그녀의 연구가 '유전 요인들이 때때로 염색체상에서 위치를 바꾼다는 것과 이것이 인접 유전자가 활성화되거나 불활성화되는 원인'임을 증명했다고 설명했다. 오늘날 유전자 전위라고 불리는 이 현상은 진화와 질병 통제에 엄청난 가능성을 열어 주었다.

1902년 코네티컷에서 태어나 1927년 코넬대학에서 박사 학위를 받은 맥클린톡은 무명의 과학자였지만, 너무도 중요한 발견 다수를 해냈다. 어떤 역사학자들은 그녀가 여성이라는 이유로 무시당하고, 진지하게 여겨지지 않았다는 점을 지적한다. 1953년, 과학계로부터 고립되었다는 느낌에 그녀는 연구 결과를 학술지에 게재하는 일을 중단했다. 그러나 언젠가는 인정받을 거라는 믿음으로 연구를 계속했다. 그녀는 훗날 '개념이 변하려면 그 적기를 기다려야 한다'라고 썼다.

노벨상 수상자를 위한 만찬에서 그녀는 짧지만 놀라운 연설을 했다. 이 연설에서 그녀는 긴 세월 인정받지 못하고 연구한 덕분에 방해받지 않는 자유를 누렸으며 그것이 '기쁨'이었다고 묘사했다.

노벨상 수락 연설
1983년

Nobel Lecture

국왕 부처, 여러 왕족분 그리고 신사 숙녀 여러분.

스웨덴 국민의 환대를 받으며 이 자리에 서게 되어 기쁩니다. 그리고 크나큰 환대에 감사드립니다.

여러 해 동안 제가 연구한 옥수수가 1940년대 중반에 당대의 정설과 전적으로 일치하지 않는 유전적인 현상을 보였기에, 오늘 저녁 이 자리에 제가 서 있다는 사실을 압니다. 최근 이 현상이 일반적으로 수용되자, 특히 젊은 과학자들에게 이런 질문을 주로 받고 있습니다. 오랜 세월 동안 연구를 무시당하고, 기각당하고, 좌절당했을 때 어떤 심정이었는지 말입니다.

우선은 놀라웠고, 그다음은 당황스러웠습니다. 제 연구를 뒷받침하는 증거와 논리가 충분히 드러났다고 생각해 왔기 때문입니다. 하지만 암묵적 가정들, 즉 정설이 효과적인 의사소통에 장애가 된다는 사실이 곧 분명해졌습니다.

동식물에 흔히 보이는 무늬 발현을 포함해서 유전자 활동의 빠른 변화

Barbara McClintock

를 담당하는 현상에 대한 제 이해는 시대에 맞지 않게 너무 급진적이었습니다. 이러한 장애물을 뚫으려면 저와 같은 경험 혹은 유사한 경험을 해 봐야 합니다.

저 외의 다른 옥수수 유전학자들도 이 현상의 속성을 인정하고 연구했지만, 저와 마찬가지로 배제당하는 경험을 했습니다. 새로운 기술이 개발되어 많은 이가 이 현상이 보편적임을 깨달았지만, 그건 세월이 꽤 흐른 후였습니다. 때문에 저는 강연이나 세미나를 해 달라거나, 위원회나 심사위원회에 들어와 달라거나 하는 등 과학자와 관련한 의무를 수행해 달라는 요청을 받은 적이 거의 없습니다.

개인적으로 어려움을 겪었다기보다 오히려 이 오랜 시기가 제게는 기쁨이었습니다. 방해받지 않고 오로지 연구의 순수한 기쁨만을 위해 연구를 계속할 수 있는 완벽한 자유를 누렸는데 어찌 감사하지 않을 수 있을까요!

Barbara McClintock

코라손 아키노
필리핀 대통령

Corazon Aquino
President of the Philippines

You saw a nation, armed with courage and integrity, stand fast by democracy against threats and corruption.

여러분은 한 민족이 용감하게 하나가 되어 위협과 부패에 맞서
민주주의를 수호하는 모습을 보셨습니다.

Corazon Aquino

19 86년 9월, 코라손 아키노는 미국 의회에서 연설했다. 당시 코라손 아키노는 혼란의 도가니인 필리핀에서 대통령직을 반년 넘게 수행하며 전임자 페르디난드 마르코스 대통령의 독재 정권이 망가뜨린 민주주의를 재건하느라 고군분투하고 있었다.

아키노가 권력을 얻기까지 그녀의 행로는 평탄치 않았다. 1970년대, 그녀의 남편 베니그노 아키노 2세Benigno Aquino Jr.는 마르코스 대통령의 정적이었다. 마르코스 집권 시절, 그는 투옥되었다가 미국으로 망명했고, 1983년이 되어서야 필리핀으로 돌아왔으나 곧 암살되었다.

1986년, 마르코스가 조기 선거를 공표하자 미망인이 된 아키노는 남편의 자리를 이어받아 대통령에 출마했다. 마르코스 행정부는 마르코스가 승리했다고 선언했지만, 대대적인 부패를 저질렀다는 의심을 샀고 국민은 봉기를 일으켰다. 1986년 2월, 마르코스가 미국으로 망명하자 아키노는 대중의 요구로 필리핀 최초로 여성 대통령이 되었다.

아키노가 처음으로 한 일은 민주주의 원칙을 중시하는 새로운 헌법을 기초하는 것이었다. 미국 의회에서 연설할 때 아키노는 투표장에 들어선 유권자들이 무장한 경비들에게 굴하지 않았다고 회상하면서 필리핀이 민주주의 이상 실현을 위해 사력을 다하고 있다고 말했다.

부드러운 어조에 온화한 성격의 아키노는 '나는 그냥 전업주부일 뿐'이라며 남편의 죽음으로 마지못해 정계에 몸을 담근 지도자 이미지를 연출했다. 하지만 1986년에 연설할 즈음의 그녀는 민주주의의 미래를 상징하는 강력한 아이콘으로 성장해 있었다.

아키노는 분열된 나라를 규합하고 휘청거리는 경제를 살리려고 애쓰다가 1992년 임기를 마친 뒤 물러났다. 그녀의 아들 노이노이 아키노가 그녀의 사망 1년 후 2010년 필리핀의 대통령으로 당선되었을 때 필리핀의 수도 마닐라에 운집한 수천 명은 그녀를 '필리핀 민주주의의 어머니'로 추모했다.

미 의회 상하원 합동 회의 연설
1986년

Speech During the Joint Session of the US Congress

작년, 필리핀 독재 정권은 지나친 오만으로 조기 선거를 시행했으며 그로 인해 몰락을 초래했습니다. 백만 명이 넘는 필리핀 국민이 서명을 통해 저에게 독재 정권과 맞서라는 임무를 부여하였지요. 그래서 저는 국민의 뜻에 따르기로 했습니다. 그 뒤의 역사는 여러분이 TV 화면과 신문 제1면 기사로 접하신 그대로입니다.

여러분은 한 민족이 용감하게 하나 되어 위협과 부패에 맞서 민주주의를 수호하는 모습을 보셨습니다.

여러분은 무장 깡패들이 투표함을 훔쳐 가려고 선거장에 난입했을 때 여성 선거 감시인단이 울음을 터뜨리면서도 투표함에 몸을 묶는 모습을 보셨습니다.

여러분은 민주주의에 헌신하기에 그 희미한 그림자에도 목숨을 내놓을 준비가 된 민족을 보셨습니다.

그날이 끝나기 전 또 한 번의 사기와 협잡이 파도처럼 덮쳐 선거 결과를 왜곡시키기 전에 저는 국민의 승리를 선언했습니다.

정권에 굴종하는 국회가 제 정적의 승리를 발표했을 때 국민은 거리로 몰려나왔으며 대통령은 아키노라고 외쳤습니다. 소수의 군 장성이 양심을 지키며 독재에 반대했고, 국민은 이들을 보호하기 위해 집회를 벌였습니다. 그렇게 필리핀 국민은 자신을 보호했습니다.

이러한 믿음과 그 믿음에 따르는 의무를 존중할 수밖에 없기에 저는 대통령직을 받아들였습니다.

저는 평화롭게 집권했으며, 제가 집권할 수 있었던 모든 이유를 잊지 않고 국정에 임할 것입니다. 이것이 제가 국민과 한 계약이자, 신에게 맹세한 제 소임입니다.

우리는 모든 필리핀인의 생명과 자유를 존중하는 제한적인 혁명으로 절대 권력을 휩쓸어 버렸습니다. 독재 정권을 전복시킨 평화적이지만 전국적인 소요 사태가 일어난 지 미처 1년도 안 지난 지금, 우리는 온전히 헌법에 기초한 정부로 되돌아왔습니다. 전 정권이 유산으로 남긴 양극화와 분열을 생각하면, 이것은 결코 작은 성과가 아닙니다.

나오미 울프

작가

Naomi Wolf

Author

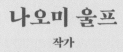

**Our speaking out will
permit other women to speak,
until laws are changed
and lives are saved and the
world is altered forever.**

우리가 소리 내어 말해야 법이 바뀌고,
생명이 구원받고, 세계가 영원히 바뀔 때까지
다른 여성들도 말할 수 있게 됩니다.

Naomi Wolf

나오미 울프의 1991년 작 『무엇이 아름다움을 강요하는가』가 출판되자, 미국에서는 비현실적인 미의 기준과 그것이 여성에게 끼치는 해로운 영향에 관한 전국적인 논쟁이 일어났다. 백래시[14]는 통렬하고 즉각적이었다. 책에 대한 반응은 대체로 좋았지만, 앵커, 성형외과 의사 및 보수파 계열의 라디오 진행자들은 많이 이상한 여자라며 울프를 비난했다.

1992년, 스크립스대학 졸업 연설에서 그녀는 이렇게 회상했다. 매번 질문을 받을 때마다, 여성이라면 응당 가져야 하는 '착한 심성'이라는 불문율을 깬 것에 대해 비평하는 이들의 기분을 상하게 할까 봐 걱정했다고.

'난 겁나. 사람들이 내게 화를 낼 거야!'라는 것이 그녀의 솔직한 심정이었다. 당시 그녀는 여성 인권 운동가 오드리 로드의 '침묵은 당신을 지켜 주지 않는다'는 화두를 던진 수필을 읽은 뒤 자신의 접근법을 바꾸었다.

"오늘 여러분께 백래시에 대처하는 서바이벌 키트를 드리겠습니다."

울프는 졸업생들에게 말했다.

"이건 용들이 여러분의 머릿속에 둥지를 틀지 못하도록 하는 4단계 설명서입니다."

이 연설에서 울프는 네 가지 메시지를 전달했다.

메시지 1에서 울프는 '여성이 되기'를 재정의하라고 말했다.

울프는 남자는 모험을 완수하면 성숙해졌다는 의미로 '남자가 되었다'라고 하는데, 여자는 출산과 같은 생물학적인 사건을 겪으면 '여자가 되었다'는 말을 듣는다고 지적했다. 울프는 졸업생들에게 '교육이라는 번데기를 벗는 대신 한 권의 책 혹은 하나의 사고에서 다른 책 혹은 다른 사고로 옮겨 가는 어려운 여정을 밟아야 여성이 된다'라고 생각하기를 권했다.

메시지 2에서 울프는 "현재의 기득권층이 이해하는 유일한 언어는 돈과 유권자의 표와 공적인 망신뿐이다"라고 설명하면서 반드시 돈을 벌어 경제적 자유를 획득하라고 말했다.

메시지 3에서는 "주기적으로 실망하게 하는 상대를 위해 요리하지 말고 그와 자지도 말라"라고 했다.

그리고 마지막 메시지에서 울프는 자신의 목소리를 찾고 지키려는 투쟁에 대해 명확하게 말했다.

---

14 backlash, 사회·정치적 변화에 자신의 영향력이 줄어든다고 느끼는 기득권층의 반발 현상

여성의 자리
1992년

A Woman's Place

메시지 4: 불복종의 여신이 돼라

버지니아 울프는 말했습니다. 여성들은 자기 내면의 검열 센서인 '가정의 수호천사'를 죽여야 한다고요. 젊은 여성들은 제게 캠퍼스 강간 은폐 건에서부터 교실 내 성차별까지 여러 불평등에 관해 이야기합니다. 하지만 맞서자는 생각만 해도 얼어붙어서 그만 착해지고 맙니다.

여성들은 할 수 있는 최악의 행동이 갈등을 일으키는 일이라더군요. 심지어 옳은 일에 봉사하는 와중에도요. 안티고네는 감옥에 갇혔고, 잔 다르크는 화형당했습니다. 그리고 어떤 사람은 우리를 여성적이지 않다고 부를 수도 있습니다.

매번 저는 "내가 진실을 말했을 때 내게 일어날 수 있는 최악의 일은 뭘까?" 하고 물어봅니다.

우리는 다른 나라 여성들과 달리 침묵을 깼다고 감옥에 갇히거나 행방불명되거나 야반도주할 상황까지 몰리지는 않습니다. 물론, 몇몇 사람은 목소리를 높이는 우리에게 화내고, 쌍년이라 욕하고, 지나치게 예민하게 군다고 나무라고, 만찬을 망쳤다고 비난하겠지요. 하지만 우리가 소리 내어 말해야 법이 바뀌고, 생명이 구원받고, 세계가 영원히 바뀔 때까지 다른 여성들도 말할 수 있게 됩니다.

그다음에는 곧이어 발생할 최악의 일은 무엇인지 물으세요. 그런 뒤 용기를 내어 좀 더 밀어붙이세요. 물론 목소리를 내면, 사람들이 당신에게 소리를 지를 겁니다. 방해하고, 찍어 누르고, 기분 나빠서 그랬다고 할 겁니다. 하지만 두려워하지 마십시오. 그런다고 세상이 끝나지는 않습니다.

말하면 할수록 말하기가 점점 더 쉬워질 겁니다. 그리고 품고 있는 줄도 몰랐던 당신의 비전과 사랑에 빠졌음을 알게 될 겁니다. 친구 몇몇과 연인 몇몇을 잃을 테지만, 그들이 그리워지지는 않을 겁니다. 새로운 친구와 연인이 당신과 함께하며 당신을 소중히 여겨 줄 테니까요.

그때의 당신은 여전히 이성과 노닥거리고 손톱에 매니큐어도 칠하고 옷도 차려입고 파티도 다니고 있을 거예요. 엠마 골드만도 그랬잖아요. "춤을 출 수 없다면 나는 당신 혁명의 일부가 되지 않을래요"라고요.

의연하게 떨치고 일어난 순간 당신은 알게 될 겁니다. 진실을 말하기보다 더 무서운 것은 오로지 하나, 바로 침묵임을요.

세번 컬리스스즈키

환경운동가

Severn Cullis-Suzuki

Environmental Activist

In my anger, I am not blind, and in my fear, I am not afraid of telling the world how I feel.

비록 저는 화났지만, 눈멀지 않았습니다.
비록 무섭지만, 제가 어떻게 느끼는지 세상에
소리쳐 말하기를 주저하지도 않을 겁니다.

Severn Cullis-Suzuki

세번 컬리스스즈키는 열두 살 때 어린이환경단체ECO: Environmental Children's Organization 의 일원으로 캐나다에서 리우데자네이루로 갔으며, 1992년 유엔 회의에서 환경과 개발을 주제로 발표했다.

"우리는 세상을 변화시키고자 하는 열두 살, 열세 살 어린이들로 구성된 단체입니다. 우리는 5천 마일 떨어진 이곳으로 직접 와서 어른들에게 삶의 방식을 바꾸어야 한다는 말을 하려고 모금했습니다."

세번은 캐나다 밴쿠버에서 자랐는데 자연에 대한 그녀의 사랑은 그녀의 연설 속에 고스란히 녹아 있다. 그녀가 아버지와 연어 낚시를 하기를 얼마나 좋아하는지, 열대우림에 얼마나 가고 싶은지도 말했다. 하지만 기후 변화의 처참한 영향을 알게 된 후 세번의 꿈은 분명해졌다.

현재 세번은 환경운동가이며 더 깨끗한 캐나다를 지지하는 단체들을 대변하고 학생들에게 나서서 발언하라고 권하고 있다. 리우데자네이루 연설에서 그녀는 어른들에게 말하는 어린이라는 자신의 독특함을 활용해 세대를 건너 미래에서 온 특사로 입지를 다졌고, 무척 강력한 영향을 발휘했다.

세번은 자신을 평가하는 데 직설적이고 거침이 없다.

"저는 어린이에 불과해서 모든 문제에 대한 해답을 가지고 있지 않습니다. 하지만 여러분이 이걸 알아주셨으면 합니다. 여러분에게도 모든 문제에 대한 해답은 없다는 걸요."

세번은 캐나다에서 소비자들이 만들어 내는 폐기물에 대해 말할 때 청중의 사적인 감정에 기대어 호소했다.

"여기에서 여러분은 정부의 대표이거나 기업가이거나 환경 단체 소속이거나 기자이거나 정치인입니다. 하지만 여러분은 모두 어머니이고, 아버지이고, 누이이고, 형제이고, 이모이고, 삼촌이잖아요. 그리고 여러분 모두는 누군가의 자녀이기도 해요.

환경과 개발에 대해 유엔 회의에서 한 연설
1992년

Address to the United Nations Conference on Environment and Development

저는 미래의 모든 세대를 위해 이 자리에 섰습니다. 저는 울음소리가 묻혀 들리지 않는 전 세계의 굶주린 어린이들을 대신해 이 자리에 섰습니다. 저는 어디로도 떠날 수 없기에 어쩔 수 없이 죽어가는 수없이 많은 동물을 대변하기 위해 이 자리에 섰습니다.

저는 오존층에 난 구멍 때문에 햇빛 아래 나가기가 두렵습니다.

어떤 화학물질이 들어 있는지 몰라서 공기를 마시기가 두렵습니다.

고향인 밴쿠버에서 저는 종종 아빠와 낚시하러 다니곤 했습니다. 하지만 암에 걸려 떼죽음을 당한 물고기들을 보고는 낚시를 그만두었습니다.

이 순간에도 우리는 동물과 식물들이 매일 멸종해 가고 있다는 얘기를 듣습니다. 한때 저는 야생동물의 무리, 새들과 나비로 가득 찬 정글과 열대우림을 보고 싶었습니다. 하지만 미래에 태어날 제 아이가 그것들을 볼 수 있을지 의문입니다. 여러분은 제 나이 때 이런 걱정을 해 보셨나요?

저는 그저 어린이일 뿐입니다. 하지만 우리가 대략 50억 명과 3천만 종으로 이루어진 이 지구의 일원이라는 사실 정도는 알고 있습니다. 저는 그저 어린이일 뿐이지만 우리 모두 함께 이 상황에 처해 있으며, 우리가 하나의 목표를 향해 하나로 합심해서 행동해야 한다는 사실도 알고 있습니다.

비록 저는 화났지만, 눈멀지 않았습니다. 비록 무섭지만, 제가 어떻게 느끼는지 세상에 소리쳐 말하기를 주저하지도 않을 겁니다.

학교에서, 심지어 유치원에서조차 어른들은 우리를 가르치십니다. 싸우지 말고 문제를 해결하고, 다른 이를 존중하고, 어지른 것은 잘 치우고, 다른 생물을 해치지 말고, 함께 나누고 욕심부리지 말라고요.

우리한테 하지 말라고 한 그런 행동들을 왜 어른들이 하시는 건가요?

우리가 훗날 이어받을 지구가 어떤 모습일지 결정하시는 건 여러분입니다. 부모님은 "다 괜찮을 거야", "이런다고 세상이 끝나는 게 아니야", "우리는 최선을 다하고 있어"라는 말로 아이들을 안심시킬 수 있어야 합니다.

하지만 제가 보기에 어른들이 더는 이런 말을 우리에게 해 주실 수 없을 것 같습니다. 우리가 어른들 목록에서 우선순위이기는 한가요?

어른들이 하는 행동은 밤마다 저를 울립니다.

어른들은 항상 말로만 우리를 사랑한다고 하는 것 같아요. 부디 말씀하신 대로 행동해 주십시오.

윌마 맨킬러

체로키 부족 대추장

Wilma Mankiller

Principal Chief of the Cherokee Nation(1985~95)

66

We all look at each other through this veil that causes us to see each other through these stereotypes. I think we need to lift back the veil and deal with each other on a more human level in order to continue to progress.

우리는 모두 베일을 쓴 다른 이를 보듯 고정관념으로 서로를 보고 있습니다.
진보를 위해서는 베일을 걷고 보다 인간적인 차원에서
서로를 대할 필요가 있지 않을까요?

99

Wilma Mankiller

체로키 부족의 첫 여성 대추장 윌마 맨킬러는 1945년 대가족 가정에서 태어났다. 아버지 쪽이 1830년대에 본래 있던 땅에서 쫓겨나 앤드루 잭슨[15]의 '눈물의 길 Trail of Tears '[16]을 걸어야만 했던 원주민 집안 출신이다.

20대에 맨킬러는 사회 운동가로 활동하면서 월남전 당시 반전 운동을 했으며, 미국 원주민 운동가들이 앨커트래즈섬을 점령하러 들어갔을 때 이를 지지하고 후원하기 위한 모금 운동을 벌였다.

1983년, 맨킬러는 체로키족의 부추장이 되었고, 1985년에는 대추장이 되었다. 대추장이 된 뒤 맨킬러는 원주민 공동체 내의 뿌리 깊은 성차별과 맞닥뜨렸다. 그 때문에 그녀는 부족 회의에서 잦은 협박을 받았고 남자들과 갈등을 빚었다. 그런데도 그녀는 2010년에 사망하기 전까지 대추장을 세 번이나 역임했다. 그녀는 체로키 부족이 68,000명에서 170,000명으로 성장하는 것을 지켜보았고, 원주민 교육과 여성 인권을 포함한 여러 기치를 대변했다. 로널드 레이건 대통령과 조지 H.W.부시 대통령과 만났으며, 글로리아 스타이넘과 깊은 우정을 쌓았다.

1992년, 노던 애리조나대학에서 맨킬러는 졸업 축하 연설을 했다. 당시 투숙했던 호텔의 직원은 호칭을 어떻게 부를지 그녀에게 물었고, 어떤 젊은이는 여자이니 '여추장'이라고 불러야 하는지 물었다. 그때 그녀는 '대추장 윌마 맨킬러'라고 신용카드에 쓰인 대로 불러 달라고 대답했다.

맨킬러는 이 일화를 즐거이 들려주었다. 여추장이냐고 물었던 젊은이는 맨킬러라는 그녀의 성에 궁금증을 표했는데 ─ '맨킬러'라는 이름은 '마을의 수호자'라는 체로키어에서 나온 말이다 ─ 당시 그녀는 맨킬러가 체로키어로 무슨 뜻인지 그에게 알려 주지 않았으며 이렇게 농담했다고 한다.

"맨킬러는 내 별명이고 그 별명이 거저 생긴 건 아니랍니다."

---

15 미국 제7대 대통령. 군인 출신으로 영국군과의 전투에서 대승을 거두며 정계로 진출했고, 대통령이 된 후 1830년에 미국 원주민을 축출하는 원주민 이주법을 통과시켰다.
16 1830년 미국에서 제정된 '원주민 이주법' 때문에 미국 내의 아메리카 원주민 부족들이 겪었던 일련의 강제 이주를 말한다. 총 16,543명의 이주민 중 약 2,000 ~ 6,000명이 이동 과정에서 목숨을 잃었다.

노던 애리조나대학 졸업 축하 연설
1992년

Northern Arizona University Commencement Speech

미국 사회에서는 늘 그렇습니다.

'저들'이 문제를 해결할 거야.

그런데 저는 왜 '저들'인지 모르겠습니다. 저는 늘 우리 부족에게 말합니다. 저들이 대체 누구를 뜻하는지 모르겠다고요. 제가 보기에는 우리 문제를 해결해 줄 사람은 우리 자신밖에 없더군요.

우리, 그러니까 여러분과 나 같은 사람들요. 결국, 우리는 개인적으로 책임을 지고 우리 문제를 풀어야 합니다.

여전히 이 나라에는 흑인, 라틴계 이민자, 아시아인에 대한 부정적인 고정관념이 만연합니다. 원주민에 대한 끔찍한 고정관념도 있지요. 우리가 앞으로 나아가려면 이런 문제부터 극복해야 합니다.

간혹 저는 우리가 공통으로 지닌 문제를 해결하기 위해 오클라호마에서 다양한 그룹의 사람들과 함께 마주 앉곤 합니다. 마치 베일로 얼굴을 가린 사람들과 앉아 있는 것과 비슷하지요. 우리는 모두 베일을 쓴 다른 이를 보듯 고정관념으로 서로를 보고 있습니다. 진보를 위해서는 베일을 걷고 보다 인간적인 차원에서 서로를 대할 필요가 있지 않을까요?

미국 내 소수 민족 그룹의 인구는 극적으로 증가하고 있습니다. 따라서 우리는 좀 더 나은 방식으로 서로를 대하고 함께 일하는 방법들을 모색해야 합니다. 이건 모두에게 영향을 끼치기 때문입니다. 디트로이트 한 곳에서 벌어지는 일이 미국 전역에 영향을 끼치지 않는다고 말할 수 없지 않습니까!

이 자리에 계신 졸업생과 가족분들 그리고 모두에게 부탁드립니다. 우리가 서로에 대해 품고 있는 고정관념이 어느 정도인지 점검해 보십시오.

마지막으로, 제가 오늘 이 자리에 서서 여러분과 보낸 짧은 시간을 통해 원주민 추장에 대한 여러분의 고정관념이 바뀌는 것 또한 기대해 봅니다.

토니 모리슨
소설가

Toni Morrison
Novelist

66

Oppressive language does more than represent violence; it is violence.

압제하는 언어는 폭력을 대표하는 것 이상입니다.
그 자체가 폭력입니다.

99

Toni Morrison

19 93년 노벨상 수상식에서 천부적인 이야기꾼 토니 모리슨은 잘 알려진 우화로 연설을 시작했다. 이 우화는 '옛날 옛적에 한 할머니가 살았습니다'라고 시작하는 여러 문화권에 공통으로 존재하는 이야기였다. 모리슨이 말한 버전에서 이 여인은 아프리카 노예의 후손인 흑인에, 눈도 멀었고, 마을 외곽에 있는 집에서 살고 있었다. 그리고 이 여인에게는 미래를 보는 신통력이 있었다.

어느 날 한 무리의 어린이들이 그녀의 능력을 시험해 보고 싶어 그녀에게 갔다. 그리고 그중 한 명이 손을 내밀며 그녀에게 물었다.

"할머니, 내 손 안에 새가 한 마리 있는데 이건 죽었나요, 살았나요?"

속았다 싶을 정도로 쉬운 도입부로 연설을 시작하면서, 노벨 문학상을 탄 여섯 번째 여성이자 최초의 흑인 여성인 모리슨은 복잡한 언어 이론을 풀어 놓는다. 『가장 푸른 눈』, 『솔로몬의 노래』, 『빌러비드』의 저자인 모리슨은 오하이오주에서 자랐고, 미 동부 지역에서 여러 해 동안 출판 편집자로 일하다가 전업 작가로 전향했으며, 인종과 자아 찾기 문제에 오래 골몰했다.

모리슨은 이러한 주제들은 자체의 행위자성을 지닌 언어를 통해 가장 잘 표현된다고 한다. 말에는 재현하는 능력뿐 아니라 의미를 창조하는 능력이 있어서 실제적인 힘이 있다고 그녀는 주장했다.

'말로 하는 작업은 숭고해.'

모리슨의 연설에 등장하는 늙은 여인은 생각한다.

'생산적이기 때문이야. 말이라는 작업은 우리의 차이, 우리들의 인간적인 차이, 즉, 우리가 다른 생물체와 다른 존재가 되는 방식을 공고히 하는 의미를 만들어 내니까.'

노벨상 수락 연설
1993년

Nobel Lecture

손에 쥔 새가, 그 새의 연약한 몸 외에 어떤 의미를 지니는지 생각해 보는 것이 제게는 늘 매혹적인 일이었습니다.

그래서 저는 새를 언어로, 여자를 숙련된 작가로 읽어 보기로 했습니다.

여자는 태어날 때 자신에게 주어진 언어가 어떻게 다루어지고 어떻게 사용될지 염려합니다. 심지어 어떻게 나쁜 목적으로 그 언어에서 자신이 배제될까 봐 염려합니다.

작가이기 때문에 여자는 부분적으로는 언어를 하나의 체제이며 사람이 통제하는 생명체라고 생각합니다. 하지만 가장 크게는 결과를 수반한 행위인 동인動因으로 언어를 생각합니다. 그래서 "그건 죽었나요, 살았나요?"라는 아이의 질문은 비현실적이지 않습니다.

Toni Morrison

여자는 언어가 죽음, 삭제에 영향을 받기 쉬워 의지에 따라 위험에 빠지기도 하고 구원하기도 한다고 생각하기 때문입니다. 여자는 아이의 손에 쥐어진 새가 죽는다면 관리인이 그 시체를 치울 책임을 진다고 여깁니다. 여자에게 죽은 언어란 단지 더는 말할 수도, 쓸 수도 없는 언어가 아니라, 마비 상태를 찬양하는 굳어 버린 언어이기도 하니까요.

여자는 언어가 무심히 사용될 때, 아예 사용되지 않을 때, 사용은 되지만 묻힐 때, 존중이 모자라서 죽을 때, 혹은 언어가 누군가의 명령으로 척살될 때 자신뿐 아니라 모든 사용자와 만든 이들이 언어의 죽음에 책임이 있다는 사실을 압니다. 그리고 여자의 나라에서 어린이들은 침묵을 강요당하거나, 불구가 되었거나 불구가 되어 가고 있는 언어를 대신해 혀를 물고 총을 듭니다.

여자는 알고 있습니다. 혀를 무는 자살이 어린이들만의 선택은 아니라는 것을요. 유치한 국가의 수장이나 권력을 가진 기업가가 이런 선택을 할 때도 있습니다. 이들은 복종하는 자들에게만 말하고 복종을 강요하기 위해서만 말하는 이들이라 그 언어가 텅 비어 버리는 바람에 그나마 남아 있는 인간 본성에 접근할 수단마저 상실했기 때문입니다.

사용자들이 사람을 협박하고 복종시키기 위해 언어의 속성이라 할 수 있는 뉘앙스를 버리고, 언어의 복잡 미묘성을 버리고, 산파와 같은 언어의 창조성도 버리는 경향을 보일 때에 잘 드러납니다.

압제하는 언어는 폭력을 대표하는 것 이상입니다. 그 자체가 폭력입니다.

지식의 한계를 나타내는 그 이상입니다. 지식에 한계를 지어 버리기 때문이지요.

모호한 공적 언어, 생각 없는 미디어의 가짜 언어, 직업윤리를 상실한 법조계의 해로운 언어, 문학적인 수사로 꾸민 낯짝 아래 인종차별적 모욕을 숨기고 소수를 배제하기 위해 고안된 언어, 우리는 이런 언어들을 거부하고, 수정하고, 폭로해야 합니다.

이런 언어는 무자비한 실체를 보이며 정신이 텅 비어 맨바닥을 드러낼 때까지 피를 마시는 언어이고, 약한 부분을 감추는 언어이고, 존경과 애국심으로 기워 만든 치맛자락 속에 파시스트의 부츠를 숨기는 언어입니다.

성차별적인 언어, 인종차별적인 언어, 유신론자들의 언어, 이 모든 것들은 지배를 위해 전략화된 언어의 전형적인 예입니다.

새로운 지식을 허용할 수도 없고, 허용하지도 않을뿐더러 사상의 상호교류를 유도하거나 권장하지도 않는 언어의 예입니다.

힐러리 클린턴

미국 영부인·정치인

Hillary Clinton

First Lady of the United States(1993~2001) and Politician

66

Women's rights are human rights,
once and for all.

여성의 권리는 더도 덜도 할 것 없이 인간의 권리입니다.

99

Hillary Clinton

20 16년 미국 대통령에 출마하면서 여성과 정치 권력에 대한 국제적인 논란을 불러일으키기 이전부터 힐러리 클린턴은 여성과 아동의 권리 증진을 위해 투쟁했다.

1993년부터 2001년까지 남편 빌 클린턴이 대통령을 역임하고 그녀가 영부인으로 지낸 시절, 힐러리는 아동 의료 복지에 대한 입법을 추진했으며 여성 폭력 전담 부서를 법무부에 설치하는 데 일조했다. 버락 오바마 대통령 시절인 2009년부터 2013년까지는 국무장관으로 일하며 국가 안보와 여성 권리 사이의 관계를 강조했고, 이를 '힐러리 독트린'이라 명명했다. 2016년 대통령 선거 당시 정적 도널드 트럼프에게 조롱당하고 경시당하면서도, 위엄을 잃지 않고 현실적인 자세를 유지했다. 비록 패했지만 힐러리의 출마는 미국 내 여성들에게 광범위한 영향 그 이상을 미쳤고, 미셸 오바마는 지지 연설에서 이렇게까지 말했다.

"힐러리 클린턴은 살면서 그 어떤 것도 포기해 본 적이 없습니다."

1995년 빌 클린턴 대통령이 임기 2년 차에 접어들던 해, 힐러리는 베이징에서 열린 제4차 세계여성회의에 참석한 189개국 대표 앞에서 연설했다.

연설 중 그녀는 시종일관 당당한 자세로 선언했다.

"인간의 권리가 여성의 권리요, 여성의 권리는 더도 덜도 할 것 없이 인간의 권리라는 것입니다."

그녀의 이 말은 여성의 권리 옹호자들이 즐겨 인용하고 있다. 또한, 힐러리는 이런 말도 남겼다.

"이 회의가 이루어야 할 가장 큰 목표는 그 경험이 간과되고 제 목소리를 내지 못하는 모든 여성에게 목소리를 주는 데 있습니다. 이 자리에 참석한 우리는 이 자리에 있을 수 없는 모든 이를 대변할 책임이 있습니다."

유엔 제4차 세계여성대회 연설
1995년

Remarks for the United Nations Fourth World Conference on Women

새로운 시대가 열리는 전야인 지금이 침묵을 깰 때라고 저는 믿습니다.

여성의 권리를 인간의 권리와 분리해서 논하는 일이 더 이상 용납되어서는 안 됩니다.

이러한 오용은 계속 이어지고 있습니다. 왜냐하면, 여성의 역사가 너무 오랫동안 침묵의 역사였기 때문입니다. 심지어 오늘날에도 우리를 계속 침묵하게 하려는 사람들이 있습니다.

지금도 세계 곳곳에서는 인권 침해가 자행되고 있습니다.

딸이라는 이유만으로 아기를 굶기고, 익사시키고, 목을 조르고, 척추를 분지릅니다.

인간의 탐욕 때문에 여자와 소녀들이 성 노예로 팔려 갑니다.

지참금이 적다는 이유로 신부의 몸에 석유를 붓고 불을 붙여서 태워 죽입니다.

자신이 속한 공동체 안에서 한 개인이, 혹은 수천 명이 전술의 일환이나 포상 개념의 노리개로 강간당합니다.

　전 세계 14세에서 44세 여성 사망의 주된 원인은 가정 폭력입니다.

　어린 소녀들은 고통스럽고 치욕스럽게 여성 할례를 받습니다.

　여성이 자신의 가족계획을 짤 권리를 부인당합니다.

　이 회의가 끝난 뒤 울려 퍼질 한 가지 메시지가 있다면, 그것은 바로 인간의 권리가 여성의 권리요, 여성의 권리는 더도 덜도 할 것 없이 인간의 권리라는 것입니다.

왕가리 마타이

정치 활동가

Wangari Maathai

Political Activist

> **Although initially the Green Belt Movement's tree planting activities did not address issues of democracy and peace, it soon became clear that responsible governance of the environment was impossible without democratic space.**

그린벨트운동의 나무 심기 활동은 초기에는 민주주의와 평화라는 문제를 다루지 않았습니다. 하지만 민주적인 공간이 없이는 책임감 있게 환경을 관리하기가 불가능하다는 사실이 분명해졌습니다.

Wangari Maathai

20⁰⁴년 왕가리 마타이는 노벨 평화상을 최초로 수상한 아프리카 여성이 되었다. 마타이는 역사 속에서 자신의 위치를 인정하는 것으로 수락 연설의 말문을 열었다.

"이 상을 받는 첫 아프리카 여성으로서, 저는 케냐와 아프리카 그리고 세계의 사람들을 대신해 이 상을 받으려 합니다. 저는 여성들 특히 여자아이들을 염두에 둔 채 이 상을 받습니다. 부디 이 상이 그들의 목소리를 키워 주고 그들이 리더십을 키워 더 많은 자리를 차지하는 동력이 되었으면 합니다."

1977년, 마타이는 케냐 나이로비에 '그린벨트운동'이란 단체를 설립했다. 이 시민 풀뿌리 운동 단체의 임무는 나무 심기를 통해 시민들의 역량을 강화하는 것이었다. 그리고 이는 여성들과 함께 시작되었다.

"아프리카 전역에서 돌보고 가꾸는 것은 여성들입니다. 그래서 자원이 고갈되어 환경이 피해를 보면 여성들이 먼저 알게 됩니다."

노벨상 연설에서 마타이는 이렇게 말했다. 마타이는 해법을 원한다면 '밖'을 보지 말고 자신들을 돌아보라고 청중에게 역설했다. 오랜 운동을 통해 마타이는 환경 보호가 민주주의와 평화 그리고 본질과 연결되어 있다는 사실을 알았기 때문이다.

자연을 아이처럼 경외하는 마타이에게 나무는 실제적인 해법이자 더 나은 세상의 상징이었다. 나무 한 그루 한 그루가 숲을 지키고 세상을 지키듯이 한 명 한 명이 그것을 보호하는 데 지분이 있다고 그녀는 주장했다.

노벨상 수락 연설
2004년

Nobel Lecture

그렇게 우리는 함께 3천만 그루 이상의 나무를 심었습니다. 그 나무들은 우리의 연료가, 식량이, 농촌 여성 자녀들의 교육 지원금이, 가정의 생계비가 되었습니다. 나무 심기 활동으로 고용이 늘어나고 토양이 개선되고 물의 흐름이 좋아졌습니다.

여성들은 이 활동에 참여함으로써 삶의 주도권을 어느 정도 쥐게 되었으며, 특히, 가족에게 필요한 존재가 되면서 가정 내 사회·경제적 지위가 올라갔습니다. 그리고 이 활동은 계속되고 있습니다.

그린벨트운동의 나무 심기 활동은 초기에는 민주주의와 평화라는 문제를 다루지 않았습니다. 하지만 민주적인 공간이 없이는 책임감 있게 환경을 관리하기가 불가능하다는 사실이 분명해졌습니다. 그래서 나무는 케냐에서 민주주의 투쟁의 상징이 되었습니다. 시민들은 나무 덕분에 만연한 권력 남용과 부패 및 그릇된 환경 이용에 맞설 힘을 얻었습니다.

2002년, 그린벨트운동 회원들은 다른 시민 사회 단체 및 케냐의 일반 대중과 더불어 용기와 회복력과 인내심과 헌신을 발휘해 민주 정부로 나아가는 평화로운 정권 교체에 그 힘을 최대한 보탰고, 더욱 안정적인 사회로 나아가는 기반을 구축했습니다.

이 운동을 시작한 지 30년이 되었지만, 환경과 사회를 파괴하는 행위들은 조금도 수그러들지 않았습니다. 오늘날 우리는 사고의 전환을 요구받는 난제에 직면해 있습니다. 그러므로 우리 인류는 생명을 지탱하는 체제를 위협하는 우리 삶의 방식을 바꾸어야 합니다.

마지막으로, 제 어릴 적 경험을 여러분과 나누고자 합니다. 어린 시절에 저는 물을 길으러 집 옆 개천으로 가곤 했습니다. 그때는 그 물을 아무렇지도 않게 마실 수 있었습니다. 수면 아래 올챙이도 볼 수 있을 정도로 물이 맑은 덕분이었지요. 그 까만 올챙이들이 맑은 물속에서 활발하게 헤엄치며 꼬물거렸답니다. 제 부모님 세대가 저에게 물려주신 세계의 모습은 그러했습니다.

하지만 그로부터 50년이 지난 지금 우리를 둘러싼 환경은 달라졌습니다. 개천은 말라붙었고, 여자들은 물을 길으러 멀리까지 걸어가야 합니다. 하지만 그 물조차 깨끗하지 않습니다. 아이들은 자신들이 무엇을 잃어버렸는지조차 모릅니다. 우리는 반드시 올챙이들의 고향을 복원해 우리 아이들에게 아름답고 경이로운 세계를 돌려줄 것입니다. 그것이 우리가 이루고자 하는 가장 큰 염원입니다.

조앤 롤링

소설가

J.K. Rowling
Novelist

And so rock bottom became the solid foundation on which I rebuilt my life.

그렇게 실패해서 추락한 삶의 맨 밑바닥이
바로 삶을 다시 쌓아 올리는 견고한 주춧돌이 되었습니다.

J.K. Rowling

『해리 포터』라는 마법을 세상에 내놓은 마법사 조앤 롤링은 경이로운 성공을 거두었다. 이제는 전 세계적 프랜차이즈가 된 『해리 포터』 시리즈는 68개 언어로 번역되었고, 전 세계에서 4억 부 이상이 팔렸으며, 조앤 롤링은 영국에서 손꼽히게 부유한 여성이 되었다. 글로스터셔 근처의 중산층 가정에서 태어난 롤링의 입지로 볼 때 가능성이 별로 없던 일이기도 했다. 대학 졸업 후 몇 년 동안 목적 없는 세월을 보낸 후 1990년대 초반 에든버러에서 살던 롤링은 자기 자신을 비참한 실패자라고 생각했다. 첫 결혼은 금세 파국을 맞았고, 일자리가 없는 싱글맘이 되었고, 경제적으로도 쪼들렸다. 롤링은 스스로가 자신과 부모님을 실망시켰다고 느끼고 있었다.

"어디를 봐도 저는 최대의 실패자였어요."

이후 롤링은 이렇게 회고했다.

2008년 하버드대학 졸업 축하 연설에서 롤링은 실패에도 이점이 있다면서 상상력의 힘에 대해 말했다. 그리고 소설 속에서 자신의 목소리를 찾으려는 노력과 집필하는 동안 두려움 없이 글쓰기에 집중할 수 있었던 이유에 관해서도 이야기했다.

"세계를 바꾸는 데 마법은 필요하지 않습니다. 그 힘이 이미 우리 안에 있기 때문이지요. 우리는 더 나은 것을 상상하는 힘이 필요합니다."

마지막으로 롤링은 나아갈 길을 몰라 우왕좌왕하던 학부 시절에 읽었으며, 오랜 세월 뇌리에 새기고 있었던 로마 철학자 세네카의 말을 인용했다.

"삶은 마치 이야기와 같습니다. 얼마나 길게 펼쳐지는지가 아니라 얼마나 훌륭한지가 중요합니다."

하버드대학 졸업 축하 연설
2008년

Harvard University Commencement Speech

그런데 왜 실패의 이점에 관해 얘기하냐고요? 실패란 삶에서 불필요한 요소들을 모두 제거해 주기 때문입니다. 실패는 나 자신이 아닌 모습을 연기하는 것을 그만두게 했고, 내 모든 에너지를 내 작품을 끝내는 데 쏟아붓게 했습니다. 실패가 없었다면 저는 제가 진심으로 하고 싶어 하는 일에서 성공하겠다는 의지를 품지 못했을지도 모릅니다. 최악의 실패를 겪었기에 저는 되레 실패의 두려움에서 자유로워졌습니다.

여전히 저는 살아 있었고, 소중한 딸아이가 제 곁에 있었습니다. 낡은 타자기 한 대와 제가 이야기로 풀고 싶은 거대한 세계 역시 남아 있었죠. 그렇게 실패해서 추락한 삶의 맨 밑바닥이 바로 삶을 다시 쌓아 올리는 견고한 주춧돌이 되었습니다.

여러분은 저만큼 쓰디쓴 실패를 맛보지 않을 수도 있습니다. 하지만 누구나 살다 보면 실패하기 마련입니다. 어떤 일에도 실패하지 않기란 불가능하니까요. 물론 잔뜩 몸을 사린 채 살면 실패를 피할 수 있을지도 모릅니다. 하지만 그런 삶은 실패하지 않았음에도 이미 실패한 삶입니다.

실패를 통해 저는 시험을 통과하는 것으로는 절대로 얻을 수 없었던 내적인 안정감을 찾았습니다. 실패는 제게 다른 식으로는 절대로 배울 수 없는, 바로 나에 대해 가르쳐 주었지요.

실패를 통해 저는 제가 저 스스로 생각했던 것보다 의지와 자제력이 훨씬 더 강하다는 사실을 깨달았습니다. 그리고 루비보다 더 가치 있는 친구들이 제 곁에 있음도 알게 되었습니다.

실패를 통해 더 현명하고 더 강인해진 여러분은 앞으로 어떤 난관에 부닥쳐도 살아남을 수 있습니다. 여러분이 얼마나 강한지, 혹은 여러분의 인간관계가 얼마나 돈독한지는 여러분이 역경을 만나 시험에 들어야 알 수 있습니다. 이러한 지식은 진정한 선물이기 때문입니다. 고통스럽게 얻었기에 그전에 여러분이 이룩한 어떤 성취보다 가치가 있습니다.

만약 제게 타임 터너[17]가 있다면, 저는 스물한 살의 제가 살던 시간으로 돌아가 스물한 살의 저에게 말해 주고 싶습니다. 내가 얻고 성취한 것을 나열한 대차대조표와 내 삶을 동일시해서는 안 된다는 사실을 깨달아야 진정 행복할 수 있다고요.

여러분의 성취나 이력서가 여러분의 삶은 아닙니다. 비록 제 또래 혹은 저보다 연배가 높으신 분들이 종종 이 둘을 헷갈리시기는 해도 말입니다.

삶은 힘겹고, 복잡하며, 여러분의 뜻대로 제어할 수 없는 존재입니다. 그 사실을 겸허히 받아들인다면 앞으로 닥칠 어떤 고난도 여러분을 꺾지 못할 것입니다.

---

17 『해리 포터』 속 등장인물 헤르미온느가 가진 시간을 되돌리는 목걸이

J.K. Rowling

앙겔라 메르켈

독일 총리

Angela Merkel

Chancellor of Germany(2005~)

66

We have the strength to overcome the walls of the 21st century, walls in our minds, walls of short-sighted self-interest, walls between the present and the future.

우리 인류 안에는 21세기의 장벽, 우리 마음속의 장벽,
근시안과 자기 이익의 장벽, 현재와 미래 사이의 장벽을
극복할 힘이 분명히 있습니다.

99

Angela Merkel

2009년 베를린 장벽 붕괴 20주년을 맞이하는 기념식 직전, 독일 총리 앙겔라 메르켈은 미 의회에서 국제 협력을 주제로 연설했다. 메르켈은 동독에서 자란 경험을 회상하며 말문을 열었다. 동독을 '자유롭지 못했던 독일 지역'이라고 부르며, 자신이 어떻게 한계를 극복해 가며 서구 세계의 비중 있는 지도자 자리에 올랐는지에 대해 말했다.

조용하게 그리고 실용적인 노선을 취하며 메르켈은 독일이 경제 대국으로 탈바꿈하는 과정을 지켜보았고, 그럴수록 그녀의 지지도는 올라갔다.

세계화를 옹호한 메르켈의 연설은 자못 감동적이었다. 메르켈은 세계 지도자들에게 '편협과 이기'라는 '21세기의 장벽'을 속히 허물라고 촉구했다. 세계는 점점 좁아지므로 국가 간의 협력이 무엇보다도 중요하다고 역설했다. 메르켈은 1950년 미국이 두 문화권을 잇는 상징으로 독일에 선물한 '베를린 자유의 종'에 대해 이야기를 꺼내며 연설을 마무리했다.

"필라델피아 자유의 종과 마찬가지로 베를린 자유의 종은 자유란 거저 얻을 수 없다는 사실을 일깨워 주는 상징입니다. 자유는 투쟁으로 얻는 것이며 우리는 매일 새로이 자유를 사수해야 합니다."

미 의회 연설
2009년

Speech to the US Congress

세계화의 시대인 21세기에도 모든 일이 가능합니다.

미국분들뿐 아니라 제 모국 독일에 있는 분들도 알고 있습니다. 많은 분이 세계화에 우려의 시선을 던지고 있다는 사실을 말입니다. 하지만 우리는 이러한 우려들을 그저 외면하지 않을 것입니다.

세계화가 어려운 일임을 저는 인정합니다. 하지만 우리는 세계화가 지구상 모든 대륙에 거대한 기회가 되리라는 사실을 온 세계가 이해할 수 있도록 노력을 아끼지 않을 것입니다. 왜냐하면, 세계화는 세계가 함께 행동하게 하는 동력이기 때문입니다.

세계화의 대안으로 나오는 정책들은 우리와 다른 국가들 사이를 가로막을 뿐입니다. 실행 가능한 대안이라고는 볼 수 없지요. 그 결과는 고립 외에는 없으며, 비참함이 따라올 뿐입니다. 즉, 동맹 및 협력이라는 관점으로 바라보아야만 인류는 좋은 미래로 나아갈 수 있습니다.

같은 가치를 공유하고 있기에 미국과 유럽은 좀 더 가깝고 친밀합니다.

Angela Merkel

그 가치란 바로 개인과 그 개인이 지닌 불가침의 존엄입니다. 그 가치란 바로 책임감 있는 자유에 관한 보편적 인식입니다.

이것은 이 독특한 범 대서양 협력체와 나토라는 공유 가치 공동체로 묶인 우리가 지지하는 바입니다. 이것은 바로 '리더십에 기반한 협력 관계'를 생명으로 채우는 일입니다.

여러분!

이러한 가치 기반이 냉전을 종식시킨 힘입니다. 또한, 우리 시대의 시험들을 이겨낼 수 있게 해 주는 가치 기반이기도 합니다. 우리는 이 시험들을 이겨내야 합니다.

냉전이 끝난 후에도 삶의 다양한 개념 사이에 벽이 서 있습니다. 서로를 이해하려는 노력을 방해하는 마음속의 벽 말입니다. 이 시대의 우리는 그 벽을 허무는 임무와 마주하고 있습니다.

이래서 포용력이 중요합니다. 우리 삶의 방식이 우리에게는 최상일 수 있지만 다른 이들에게는 아닐 수 있습니다. 평화로운 공존을 모색하고 이루어 가기란 정말로 어렵지만, 다른 나라의 역사, 종교, 전통, 문화적 정체성을 존중하고 포용하면 반드시 길은 열릴 것입니다.

신사 숙녀 여러분, 20세기에 우리 독일은 철조망과 콘크리트 장벽을 허물 힘을 찾았습니다. 여러분도 우리와 다를 바 없습니다. 우리 인류 안에는 21세기의 장벽, 우리 마음속의 장벽, 근시안과 자기 이익의 장벽, 현재와 미래 사이의 장벽을 극복할 힘이 분명히 있습니다.

Angela Merkel

셰릴 샌드버그

페이스북 최고 운영 책임자(COO)

Sheryl Sandberg

Chief Operating Officer at Facebook(2008~)

Do not leave before you leave. Do not lean back; lean in. Put your foot on that gas pedal and keep it there until the day you have to make a decision, and then make a decision.

떠나기 전까지는 떠나지 마십시오.
뒤로 물러나지 마십시오.
자기 일에 온전히 몰두하십시오.
결정을 내릴 그 순간이 올 때까지 페달에서 절대로 발을 떼지 마십시오.
그리고 결정을 내려야 하는 순간에 결정하십시오.

Sheryl Sandberg

셰릴 샌드버그의 책, 『린 인』은 2013년 출간되자마자 즉시 베스트셀러 목록에 올라 고공행진을 거듭했다. 미국 전역에 걸쳐서, 나중에는 해외에서까지 신문, 라디오 프로그램과 TV 토크쇼에서 다루었고, 직장에 뿌리박힌 성차별주의와 전문직 여성이 마주하는 외적인 장애물들에 대한 대중적인 논의를 끌어냈다.

이 책이 출간되기 2년 전, 버나드대학 졸업식에서 샌드버그는 이 책에 담긴 많은 논지를 두루두루 다루는 연설을 한 바 있다. 페이스북의 최고운영책임자이고 페이스북 이사회에 입성한 최초의 여성인 샌드버그는 졸업하는 젊은 여성들에게 자신들의 경력에 '린 인Lean In'하라고, 언젠가 할 결혼이나 출산 때문에 현재 자신이 중요한 경력을 쌓을 기회를 회피하지 말라고 충고했다.

"멋진 푸른색 졸업식 가운을 입은 학생들을 바라보면서, 슬프지만 현실을 인정하지 않을 수 없습니다. 남성이 세상을 지배하고 있습니다. 190개 국가의 수반 중 여성은 불과 9명이며, 전 세계 의회에서 여성은 13퍼센트의 의석만 차지하고 있습니다. 재계 또한 그리 차이가 없습니다. 미국 재계의 수장

중 여성의 비율은 고작 15퍼센트입니다. 지난 9년 동안 이 수치는 요지부동입니다."

구글과 페이스북에서 일하며 실리콘 밸리에서 성공한 여성이 되기 위해 조직의 사다리를 열심히 올랐던 샌드버그는 이 불평등한 현실을 반드시 바꿀 수 있다고 믿는다.

"모든 젊은 여성이 '린 인' 하게 되면, 우리 여성들은 바로 여기에서 야망의 격차를 줄일 수가 있습니다. 리더십은 거머쥐는 자의 것입니다. 리더십은 당신과 함께 시작합니다."

버나드대학 졸업 축하 연설
2011년

Barnard College Commencement Speech

물론 모든 이가 직업을 가지고 꼭대기까지 올라가기 바라는 건 아닙니다. 인생에는 여러 반전과 변곡점이 있습니다. 그리고 우리 각자, 여러분 각자는 자신만의 길을 만들어야 합니다.

제게는 저보다 어려운 선택을 한 친구들이 있습니다. 온전히 육아에 전념하거나, 시간제로 육아를 병행하거나, 일상적인 범주에서 벗어나는 삶의 목표를 택하기도 했지요. 저는 그 친구들을 깊이 존경합니다.

언젠가 여러분도 이런 선택을 하게 될지도 모릅니다. 물론 이것도 좋은 선택입니다. 하지만 선택해야 하는 날이 올 때까지는 할 수 있는 모든 것을 하십시오. 그래야 선택의 순간이 왔을 때 선택권이 생기니까요. 제가 직장을 다니며 20년 동안 가장 분명하게 느낀 것은 바로 이 점입니다.

여성이 단 한 번의 결정으로 직장을 떠나는 일은 없습니다. 그런 일은 절대로 일어나지 않지요. 작은 여러 가지 결정이 하나씩 쌓이다가 결국 직장을 떠납니다.

Sheryl Sandberg

제가 몇 가지 예를 들어 볼까요?

아마도 의대 마지막 학년에 그럴 수도 있겠네요. 나는 좀 인기 없는 전공을 택할래. 그래야 나중에 가정과 균형을 맞추기가 쉽지.

법무법인 5년 차일 수도 있겠네요. 내가 이 법무법인에서 파트너 변호사까지 되어야 하는지 모르겠어. 언젠가는 나도 애들을 키우고 싶어질 텐데 말이야.

제가 앞에 든 예의 여성들은 아직 사귀거나 결혼할 남자도 없으면서 가정과 일 사이의 균형을 고민하고 있습니다. 아직 그런 책임이 생기지도 않았는데 말이지요.

그 순간부터 그들은 조용히 뒤로 밀립니다. 문제는 자신들이 그런 상황임을 모르는 데 있습니다. 제가 아는 여성들은 모두 아이를 집에 둔 채 직장에 복귀했습니다. 물론 현실에서 이게 모든 여성에게 주어지는 옵션은 아닙니다. 하지만 여기 이 자리에 계신 여러분 중 다수에게는 이런 기회가 생길 겁니다. 그리고 이런 선택을 한 사람들은 여러분에게 모두 같은 말을 할 겁니다.

"절실하다면 하게 될 겁니다"라고요.

몇 년 전에 여러분이 도전을 멈추었다면, 여러분은 지루하기 짝이 없게 살고 있을 겁니다. 여러분의 부하 직원이 되었을, 과거 여러분의 옆자리에 앉아 일했던 남자 직원을 상사로 모시고 일하면서, 여러분이 저평가받고 있다고 느끼게 될 겁니다. 그래서 직장에 복귀하고 싶지 않아집니다.

제가 여러분 모두에게 진심으로 건네고 싶은 메시지가 바로 이것입니다.

떠나기 전까지는 떠나지 마십시오.

뒤로 물러나지 마십시오.

자기 일에 온전히 몰두하십시오.

결정을 내릴 그 순간이 올 때까지 페달에서 절대로 발을 떼지 마십시오.

그리고 결정을 내려야 하는 순간에 결정하십시오.

그 방법밖에는 없습니다.

그래야 결정의 순간이 왔을 때 선택권이 생깁니다.

Sheryl Sandberg

엘런 존슨 설리프

라이베리아 대통령

Ellen Johnson Sirleaf
President of Liberia(2006~18)

66

My sisters, my daughters,
my friends, find your voices!

자매 여러분, 우리의 딸들 그리고 친구들이여!
부디 자신의 목소리를 찾으십시오!

99

Left : 앨렌 존슨 설리프
Middle : 리마 보위
Right : 타우왁쿨 카르만

Ellen Johnson Sirleaf

20 05년, 엘런 존슨 설리프는 라이베리아의 대통령으로 당선되었다. 그녀는 아프리카에서 최초로 선출된 여성 대통령으로 오랜 내전 으로 —내전 동안 강간과 어린이 병사 동원이 만연했다— 신음하는 라이베리아를 넘겨받았다.

2011년, 설리프는 라이베리아의 운동가 리마 보위, 예멘의 언론인이자 시민 운동가인 타우와쿨 카르만과 함께 '여성의 안전과 평화 구축에 전면적으로 참여하는 여성의 권리를 위한 비폭력적인 투쟁'을 한 공로로 노벨 평화상을 수상했다. 설리프는 이 상을 라이베리아의 모든 여성과 아프리카 여성 그리고 평화와 정의와 평등을 위해 투쟁하는 세계의 모든 여성을 대신해 받았다.

노벨상 수락 연설에서 설리프는 봉사하는 삶을 중시하던 부모님과 조부모님 손에 자랐다며, 라이베리아에서 보낸 자신의 유년기에 대해 말했다. 설리프는 한 국가에 전쟁이 일어났을 때 여성들이 짊어져야 하는 잔혹한 역경과 소녀들을 위한 교육에 필요한 인력과 자금이 여전히 부족하다는 점도 말했다.

"하지만 아직 희망과 낙관의 여지는 있습니다. 이루 말할 수 없는 학대를 받는 사람들이 갇혀 있는 밀실의 창문들이 이제 열리고 있으며 빛이 들어오고 있기 때문입니다."

설리프는 공동 수상자들을 일컬으며 이렇게 덧붙였다.

"우리 세 명은 변화를 일구려는 마음에서 비롯된 헌신이 공동의 유대가 되는 여성들입니다. 라이베리아 여성 두 명이 예멘의 자매와 함께 이 자리에 섰다는 것이야말로 우리의 투쟁이 얼마나 보편적인지 잘 드러내고 있습니다."

노벨상 수락 연설
2011년

Nobel Lecture

노벨상 위원회가 우리 수상자 셋에게 여성을 대변하라는 자격증을 줄 수는 없습니다. 하지만 여성의 국적, 피부색, 종교, 삶의 지위에 상관없이 전 세계 여성들에게 말할 수 있는 연단을 제공해 주었습니다. 저는 연설과 이 상을 자매들, 특히 가혹한 폭력이 자아낸 황폐함을 목도한 자매들에게 바치려 합니다.

콩고민주공화국, 르완다, 시에라리온, 수단, 소말리아 그리고 구屬유고슬라비아와 마찬가지로, 최근 몇 년간 이루 말할 수 없는 파멸을 불러일으킨 광기가 제 조국 라이베리아를 휩쓸었습니다. 그리고 여성을 대상으로 한 잔인무도한 행위가 전례 없는 수준으로 발생했습니다.

신체가 훼손되고 꿈을 짓밟히면서 여성과 소녀들은 국내외 무장 갈등의 대가를 억울하게 치렀습니다. 피와 눈물과 존엄성이라는 화폐로 말입니다.

Ellen Johnson Sirleaf

오늘날 전 세계에서 모든 계층의 여성 그리고 남성은 수천 개의 언어로 크고 단호하게 "인제 그만!" 하고 말하는 용기를 내고 있습니다. 이들은 무분별한 폭력을 거부하고 민주주의와 열린 사회 그리고 자유와 평화라는 근본 가치를 옹호합니다.

그러니 자매 여러분, 형제 여러분! 두려워하지 마십시오. 숫자에서 밀린다고 불의를 외면하지 마십시오. 목소리가 작더라도 평화를 추구하는 일을 두려워하지 마십시오. 당당하게 평화를 요구하십시오.

만일 제가 전 세계 여성들과 소녀들에게 말할 수 있다면, 저는 이 소박한 초대장을 건네고 싶습니다. '자매 여러분, 우리의 딸들 그리고 친구들이여! 부디 자신의 목소리를 찾으십시오!'라는 말이 쓰인 초대장을 말입니다.

제 조국 라이베리아, 예멘 그리고 다른 나라들에서 벌어진 정치적 투쟁의 의의는 새롭게 찾은 자유가 모두에게 새로운 기회를 열어 주어야 비로소 그 가치를 인정받을 수 있습니다.

변화에 대한 굶주림에서 태어난 새로운 질서가 과거의 무법 상태로 쉽게 전락할 수 있다는 사실을 우리는 모두 잘 알고 있습니다. 따라서 우리는 목소리를 높여야 합니다.

목소리를 찾으십시오. 목소리를 높이십시오. 그리고 그 목소리로 자유를 추구하십시오.

Ellen Johnson Sirleaf

아스마 마흐푸즈

정치 운동가

Asmaa Mahfouz
Political Activist

"

Never say there's no hope!
Hope disappears only
when you say there's no hope.
So long as you come down with us,
there will be hope.

희망이 없다고 말하지 마십시오.
희망은 희망이 없다고 말하는 순간 사라집니다.
여러분이 우리와 함께 광장으로 나가는 한 희망은 있습니다.

"

Asmaa Mahfouz

20 11년 초 호스니 무바라크 대통령의 30년째 집권이 막바지에 이르렀을 때, 불안감이 휩쓸던 이집트에서 몇몇 시위자가 반정부 집회에서 분신했다. 이 사건 직후 카이로에 사는 스물여섯 살의 활동가 아스마 마흐푸즈는 블로그에 동영상을 하나 올렸다. 이 동영상에서 마흐푸즈는 1월 25일 타흐리르 광장에서 열리는 시위에 동참해 달라고 이집트인들에게 호소했다. 이 동영상에서 마흐푸즈는 두려움 없는 기백과 강렬한 분노와 용기를 여실히 보여 주었다. 마흐푸즈는 카메라를 정면으로 응시한 채 이전 집회에서 진압 경찰들에게 희롱당한 경험을 털어놓았다. 그런 뒤 이렇게 말했다.

"여자이지만 저는 타흐리르 광장으로 갈 겁니다. 만약 그곳에 저만 홀로라도 저는 굴하지 않고 그곳에 설 거고요."

곧 있을 시위에 대해 마흐푸즈는 눈 하나 깜빡이지 않고 말했다.

"저는 분신하지 않을 겁니다. 하지만 진압 병력이 내 몸에 불을 붙이고 싶다면, 와서 그렇게 하라고 하세요."

마흐푸즈의 동영상은 순식간에 퍼졌고, 이집트 전역과 해외에서 연대의 메시지들을 끌어모았다. 1월 24일, 마흐푸즈는 참여를 촉구하는 동영상을 추가로 올렸고, 시위 당일인 1월 25일에는 수만 명의 이집트인이 타흐리르 광장을 가득 채웠다. 그 후로 폭력 시위들이 근처 도시에서도 불붙듯 일어났고, 무바라크가 2011년 2월 11일에 사임할 때는 절정에 치달았다.

이 봉기는 이집트 주변국들을 휩쓴 급진적인 변화와 맥을 함께한다. 튀니지, 예멘, 리비아, 시리아, 바레인 및 여러 곳에서 '아랍의 봄'으로 불리는 시위들이 집단으로 일어났다. 그리고 마흐푸즈가 시민들을 행동하게 한 촉매제였다는 사실은 널리 인정받고 있다.

브이로그에서 그녀는 이렇게 말했다.

"집에 앉아 페이스북으로 우리 뉴스를 팔로우만 한다면 우리는 치욕만을 맛보게 됩니다. 그리고 보기만 하는 '나'도 치욕을 맛보게 됩니다."

무엇보다도 마흐푸즈는 여자라는 자신의 정체성을 십분 활용해 남성들에게 호소했다. 그녀는 마치 이렇게 말하는 듯했다.

'여자인 나도 하는데 남자인 당신들이 왜 못합니까?'

Asmaa Mahfouz

이집트 혁명에 불을 붙인 브이로그 동영상 연설
2011년

The Vlog that Helped Spark the Egyptian Revolution

한 가지 아주 간단한 메시지를 전달하려고 이 동영상을 만듭니다.

우리는 1월 25일 타히리르 광장으로 갈 겁니다. 우리에게 여전히 남은 명예가 있다면, 우리가 이 땅에서 위엄을 유지하고 살고 싶다면, 우리는 1월 25일에 광장으로 가야 합니다. 그곳에서 우리는 우리의 권리, 인간의 기본권을 요구할 겁니다.

저는 그곳에서 어떤 정치적 권리도 요구하지 않을 것입니다. 우리가 원하는 건 그저 인간의 권리일 뿐이니까요. 우리가 원하는 것은 오로지 그뿐입니다.

그래 봤자 맞기밖에 더 하냐며 여자들은 시위에 가지 말라고 하기도 하지만, 명예를 아는 남자라면 다를 겁니다. 저와 함께 1월 25일에 광장으로 가시지요.

그래 봤자 한 줌밖에 사람들이 모이지 않을 테니 다 소용없다고 말하는 사람들에게는 저는 이런 말을 해 주고 싶군요. 이런 일이 일어난 건 당신 같은 사람들 때문이라고요. 대통령이나 거리에서 우리를 때리는 보안 경찰과 마찬가지로 당신 같은 사람들이 바로 반역자들이라고요. 하지만 당신이 오늘 광장에 오시면 달라질 겁니다. 정말로 크게 달라질 겁니다.

거리로 나가세요. 문자를 보내시고, 인터넷에 띄워 사람들에게 알리세요. 당신의 생활 영역에서 마주치는 사람들, 당신이 오가고 사는 건물에서 마주치는 사람들, 당신 가족, 당신 친구들에게 함께하자고 말하세요. 5명 아니, 10명을 데리고 오세요. 우리 각자가 타히리르 광장으로 5명 혹은 10명을 데려오고, 사람들에게 말을 전하면 그걸로 된 겁니다. 우리 몸에 불을 붙이는 대신 우리는 긍정적이고 큰 변화를 일으킬 겁니다. 아주 큰 변화를요.

희망이 없다고 말하지 마십시오. 희망은 희망이 없다고 말하는 순간 사라집니다. 여러분이 우리와 함께 광장으로 나가는 한 희망은 있습니다.

정부를 두려워하지 말고, 오로지 알라만을 두려워하세요. 알라께서는 '민족이 그 내면에 있는 것을 변화시키지 않으면 그 민족의 상태를 변화시킬 수 없다' 코란 13장 11절 라고 말씀하셨습니다.

더는 당신이 안전하다고 생각하지 마십시오. 우리 중 누구도 안전하지 않습니다. 우리와 함께 가서 나의 권리, 당신의 권리, 당신 가족의 권리를 요구하십시오.

저는 1월 25일에 광장으로 갑니다. 그리고 부패를 향해 "인제 그만!"이라고 외칠 겁니다. 이 정권을 향해 "인제 그만!"이라고 외칠 겁니다.

Asmaa Mahfouz

마날 알샤리프

여성 인권 운동가

Manal al-Sharif

Women's Rights Activist

66

We took an action to change our reality. Waiting will result in nothing but more waiting and frustration.

우리의 현실을 바꾸기 위해 행동에 나서기로 했습니다.
아무리 기다려 봤자 더 오랜 기다림과 좌절만 돌아올 뿐임을 깨달았기 때문입니다.

99

Manal al-Sharif

20 11년 어느 날 저녁, 마날 알샤리프는 사우디아라비아 동부 알코바의 한 병원을 나선 후 불안감에 떨었다. 집까지 타고 갈 차를 잡을 수 없었고, 차 한 대가 알샤리프를 따라온 탓이었다. 다음날 알샤리프는 국제 면허증을 소지하고 있는데도 여자라서 자기 집까지 직접 운전해 갈 수 없어서 느끼는 좌절감을 동료에게 토로했다.

이 사건 이후 알샤리프는 페이스북과 트위터 계정을 만들었고, 2011년 6월 17일 시위 운전에 운전면허를 가진 사우디아라비아의 여성들이 동참해 주었으면 좋겠다는 내용의 짧은 동영상을 올렸다. 훗날 알샤리프가 알게 된 바로는 여성 운전을 금지하는 공식적인 법 조항이 자국인 사우디아라비아에 없으며, 오로지 비공식적 금지 조치만 있을 뿐이었다. 이어, 알샤리프는 직접 운전하는 동영상을 촬영해 온라인에 올렸고 이 동영상은 인터넷에서 순식간에 퍼져 나갔다. 다음날 알샤리프는 체포되어 9일 동안 구금되었다.

다섯 살짜리 아이를 키우는 이혼녀 알샤리프가 여성 운전 캠페인으로 알려진 이 운동의 공식적 얼굴이 되기란 쉽지 않았다. 그녀의 부모님은 그녀에게 이 일을 그만두라고 애걸하기도 했다. 하지만 이 운동은 점점 더 규모를 키워 갔다. 다른 여성들도 운전하는 동영상들을 올리게 되었다.

2012년, 알샤리프는 창의적 반대 운동을 한 사람에게 주는 바츨라프 하벨상을 받았고, 오슬로로 와서 수상 연설을 해 달라는 요청을 받았다. 그녀의 직장인 사우디아라비아의 석유 회사는 그녀가 오슬로에 가지 않기를 바랐지만, 그녀는 연설을 강행했다.

수상 연설 후, 그녀의 이런 행동에 관련해 이슬람 율법 해석 '파트와'는 옳지 않다는 판결을 내렸고, 알샤리프는 호주로 이민을 떠나야 했다. 사우디의 이혼법은 아버지에게 더 유리한 탓에 알샤리프는 아들을 사우디아라비아에 남겨둘 수밖에 없었다. 그러나 그녀의 연설은 성공적 결과를 거두었다. 2017년 9월, 사우디아라비아의 여성 운전 금지령이 드디어 해제된 것이다.

오슬로 연설에서 그녀는 운전하는 모습을 찍은 동영상을 올린 일을 회고하며 이렇게 말했다.

"저는 제 얼굴을 드러냈고, 제 목소리로 말했고, 제 실명을 썼습니다. 제게 있어 그 일은 공포와 침묵의 시간에 종말을 고했다는 의미였습니다. 제가 여자라는 사실을 두려워한 과거의 저와 단절하는 사건이기도 했습니다. 저는 그 누구도 아닌, 바로 저 자신을 위해 목소리를 냈습니다."

자유를 위한 운전
2012년

The Drive for Freedom

저는 늘 어머니께 말씀드립니다.

"그자들이 내게 쇠고랑을 채워 감옥에 가둘지도 몰라요. 하지만 그자들이 내 정신에 쇠고랑을 채우는 일만은 못해요. 그자들이 내 뼈를 부러뜨릴 수는 있을지언정, 내 영혼을 부러뜨릴 수는 없으니까요."라고 말입니다.

긴 세월, 우리는 소심하게 불만을 속삭이고, 절대로 오지 않을 대답을 기다리며 청원해 왔습니다.

하지만 우리는 그러지 않기로 했습니다. 침묵의 시간을 끝내고, 우리의 현실을 바꾸기 위해 행동에 나서기로 했습니다. 아무리 기다려 봤자 더 오랜 기다림과 좌절만 돌아올 뿐임을 깨달았기 때문입니다.

유감스럽지만, 1년이 지난 지금도 사우디아라비아의 여성들은 우리의 현실을 바꿀 기적을 마냥 기다리고만 있습니다. 여성 운전 금지령을 철폐한다는 왕명이 떨어지기만 기다리고 있는 거지요.

주기만 기다리고 있으면 절대 아무것도 얻을 수 없습니다. 그냥 여성들이 자동차 열쇠를 쥐고 운전대에 앉아서 운전하면 된단 말입니다. 아주 쉬울 것 같지요? 예, 실제로도 쉽습니다.

저는 믿습니다. 엄마들이 자유롭지 못하다면 아이들도 자유롭지 못하고, 딸들이 자유롭지 못하다면 부모들도 자유롭지 못하고, 아내들이 자유롭지 못하면 남편들도 자유롭지 못하고, 여성들이 아무것도 아니라면 그 사회도 아무것도 아니라고 말입니다.

저는 내면에서 진정한 자유가 시작된다고 봅니다. 여기 제 가슴속에서 제가 자유롭다는 걸 분명히 알지요. 이 투쟁은 막 시작되지만, 곧 끝나리라는 것도 확신합니다.

하지만 저는 확신하지 못하겠습니다. 이 운동이 단순히 차를 운전하는 일에 그치지 않고 여성이 삶의 운전석에 앉는 일이 될 수 있을지 말입니다. 또, 꿈이나 꾸려고 자유를 위해 싸우는 것이 아니라 살기 위해 자유를 위해 싸워 나가는 일이 될는지도 아직 잘 모르겠습니다.

줄리아 길러드

오스트레일리아 총리

Julia Gillard
Prime Minister of Australia(2010~13)

"

The Leader of the Opposition should think seriously about the role of women in public life and in Australian society because we are entitled to a better standard than this.

야당 총재는 공적인 영역과 호주 사회에서 여성의 역할에 대해
진지하게 생각해야 합니다.
우리는 이보다 더 나은 기준을 누릴 자격이 있기 때문입니다.

"

Julia Gillard

2012년 호주의 첫 번째 여성 수상인 줄리아 길러드가 하원에서 한 연설은 '여혐 연설'이라는 논란을 일으켰다. 하원에 모인 청중이 야유를 퍼부어도 길러드는 아랑곳하지 않고 야당 총재 토니 애버트가 하원 의장 피터 슬리퍼를 의장직에서 물러나게 하려고 발의한 발의안에 대한 반대 의견을 열정적으로 개진했다.

애버트는 성차별주의적인 문자 메시지를 잇달아 제임스 애시비에게 보낸 피터 슬리퍼는 의장직에 적합하지 않다고 주장했다. 하지만 길러드는 타협을 불허하는 강경한 어조로 애버트의 모습이 얼마나 위선적으로 보이는지 지적했다.

둘의 논쟁은 곧 인터넷에 퍼져 나갔다. 호주 정계에서 발생한 이 추문은 정계 성차별주의에 관한 논쟁으로 번졌으며, 전 세계가 이로 인해 들썩였다. 길러드의 '여혐 연설'은 온라인에서 3백만이 넘는 조회수를 기록했다.

연설에서 길러드는 애버트가 다림질하는 '호주의 전업주부들'에게 한 발언을 언급했다.

　　"현대 호주에서 여성의 역할을 정립해 주셔서 감사합니다."

　　애버트가 보건부 장관 시절에 한 말인 "낙태는 손쉬운 출구입니다"를 언급하며 그 말을 들었을 때 자신이 무척 불편했음도 피력했다.

　　또한, 길러드는 자신을 '마녀이자 쌍년'이라 쓴 피켓 옆에 애버트가 가서 서 있었다고 비난했고, 그가 슬리퍼와 친구 사이라는 사실도 거론했다.

　　"이토록 위선적인 토니 애버트 야당 총재의 모습을 간과해서는 안 됩니다. 야당 총재는 공적인 영역과 호주 사회에서 여성의 역할에 대해 진지하게 생각해야 합니다. 우리는 이보다 더 나은 기준을 누릴 자격이 있기 때문입니다."

여험 연설
2012년

The Misogyny Speech

저는 야당 총재께서 발의한 안건에 반대하기 위해 이 자리에 섰습니다. 지금 제가 하고 싶은 말은 야당 총재께서 성차별주의와 여험에 대해 하는 강연을 저는 절대로 듣지 않겠다는 것입니다. 정부도 야당 총재께서 성차별주의와 여험에 대해 하는 말은 듣지 않을 것입니다. 영원히는 아니지만, 적어도 지금은 안 들을 겁니다.

야당 총재께서는 방금 성차별주의적 시각을 가진 이들과 여험을 하는 이들은 고위 관료직에 오르면 안 된다고 말씀하셨습니다. 그렇다면 가장 먼저 사직하실 분이 바로 총재 아니신가요? 현대 호주에서 여험이 어떤 의미인지 알고 싶다면, 총재께서는 굳이 하원에서 발의할 필요가 없습니다. 그냥 거울 하나만 준비하십시오. 그리고 거기 비친 자신을 들여다보면 끝날 일입니다.

예전에 총재께서 하신 말씀을 제가 한 번 인용해 보지요. 호주 권력기관 내 여성 대표 수가 적다는 안건에 관한 토론에서 총재께서는 인터뷰를 진행하는 스타브로스 씨에게 이렇게 말씀하셨습니다.

"스타브로스 씨, 남자가 여자보다 일반적으로 발언권이 더 크다는 말이 맞는다고 칩시다. 그런데 그거 나쁜 일입니까?"라고 말입니다. 그런 발언을 하신 분이 성차별에 대해 말씀하신다는 게 어디 말이나 된다고 생각하십니까?

수상으로 재임하는 동안 저는 야당 총재께서 테이블 너머에서 내뱉는 성차별적이고 명명백백한 여혐 발언들 때문에 불쾌한 적이 한두 번이 아니었습니다.

"우리 수상께서 꼭 그렇게 정숙한 여자 모양새를 갖추고 싶다면 말입니다"라는 식의 비아냥거림이었지요. 이 자리에 남자가 앉아 있었다면 절대 들을 리 없는 말이었습니다.

여혐, 성차별은 총재께는 일상입니다. 모든 방식으로 매일매일 그리하셨고, 제가 이 자리에 앉아 있는 시간 내내 그러하셨습니다.

저는 양식, 상식, 적절한 과정이 이 의회를 지배해야 한다고 믿습니다. 여자가 말이 너무 길다며 보란 듯 시계를 들여다보시는 총재께서 만들어 내신 이중 기준이나 정치 게임을 저는 절대로 용납할 수 없습니다.

총재께서 취할 수 있는 최선의 방책은 오로지 성찰뿐입니다. 자신이 공적으로 내세웠던 기준에 대한 성찰, 정치인의 공적 발언에 따라오는 책임에 대한 성찰, 피터 슬리퍼 의장과 총재 간의 개인적인 친분에 대한 성찰, 오늘 의회에서 보인 위선에 대한 성찰을 곰곰이 해 보시라 권합니다.

말랄라 유사프자이

여성 교육 운동가

Malala Yousafzai
Women's Education Activist

"

I tell my story, not because it is unique, but because it is not. It is the story of many girls.

잠시 제 이야기를 해 드릴까 합니다.
독특해서가 아니라, 너무 평범하기에 해 드리고 싶은 이야기입니다.
이 이야기는 많은 소녀의 이야기입니다.

"

Malala Yousafzai

20 12년 파키스탄, 열다섯 살의 말랄라 유사프자이는 버스에 올랐다. 학교가 끝나 집으로 가는 길이었다. 그런데 탈레반 두 명이 버스를 세우고는 유사프자이에게 총을 세 번 쏘았다. 총알 하나는 머리를 관통하면서 유사프자이의 안면 일부를 마비시켰다. 유사프자이는 파키스탄의 한 병원으로 공수되었다가 영국 버밍엄으로 이송되었다. 여기서 유사프자이는 집중 치료를 받아 생존할 수 있었다.

유사프자이의 이야기와 그녀의 남다른 용기는 국제적인 관심을 끌었다. 탈레반의 공격을 받기 전, 그녀는 탈레반이 소녀들이 교육받는 것을 금지한 일에 대해 강하게 목소리를 냈으며, 고향 스와트에서 수백 개의 학교가 문을 닫은 것을 애도했고, 지역 방송에 나와 여성 교육 금지령을 비판했다. 2009년에는 BBC에 가명으로 자신의 경험을 올리기도 했다.

2014년, 유사프자이는 인도의 인권 운동가 카일라시 사티아르티와 공동으로 노벨 평화상을 받았다. 수락 연설에서 유사프자이는 자신의 나이—유사프자이는 노벨 평화상을 받은 최연소자이자 최초의 파키스탄인이다—를 장난스럽게 인정했다. 자신은 노벨상 수상자인데도 아직 남동생과 티격태격 싸운다고 했다. 그리고 고향에 소녀들이 다닐 중고등학교가 부족하다는 점을 지적하고는 학교를 설립하겠다는 다짐을 재확인했다.

유사프자이는 자신의 연설을 다른 이들의 목소리를 키우는 데 주로 할애했다. 노벨상이 자신만의 것이 아니라 교육을 받고자 하는 모든 아이의 것이라고 말한 뒤 그녀는 이렇게 덧붙였다.

"저는 하이힐 높이까지 합쳐서 5피트 2인치밖에 안 되는 여자아이입니다. 비록 이 연단에는 저 한 사람만 섰지만, 제가 내는 목소리는 결코 저 한 명의 것이 아닙니다. 저는 많은 이의 목소리입니다.

노벨상 수락 연설
2014년

Nobel Lecture

사람들은 저를 탈레반의 총격을 받은 소녀라고도 하고, 자기 권리를 위해 싸운 소녀라고도 하지요. 이제는 노벨상 수상자라고도 합니다. 아, 제 형제들은 짜증 나게 잔소리하는 누나라고 하더군요. 하지만 제가 아는 저는 모든 아이가 양질의 교육을 받을 권리에 헌신하다 못해 완고하게 고집을 피우는 사람이고, 여성들이 동등한 교육을 받는 모습을 보고 싶어 하는 사람이자, 전 세계가 평화롭기를 바라는 사람입니다.

교육은 삶의 축복이자 필수조건입니다. 저는 지난 17년 간 살면서 그 사실을 경험으로 체득했습니다. 천국 같은 제 고향 스와트에서 저는 항상 새로운 걸 익히고 발견하는 일을 사랑했습니다. 특별한 행사 날이면 우리는 헤나로 꽃이나 여러 무늬를 그리는 대신 수학 공식과 방정식을 그려 넣었습니다.

Malala Yousafzai

그런데 어느 날 관광지였던 아름다운 도시 스와트는 테러범의 도시로 바뀌었습니다. 400개 이상의 학교가 문을 닫았을 때 저는 고작 열 살이었습니다. 여자들은 태형을 받고, 사람들이 살해당했으며, 교육은 권리에서 범죄로 바뀌어 소녀들은 학교에 갈 수 없게 되었습니다. 아름다웠던 우리 꿈은 악몽으로 변했습니다.

제 세상은 갑작스럽게 변했고, 그것을 계기로 제 삶의 우선순위도 바뀌었습니다. 저에게는 두 가지 선택만 남아 있었습니다. 하나는 입 다문 채 가만히 있으면서 다가올 죽음을 기다리는 것, 또 하나는 내 목소리를 내다가 죽임을 당하는 것. 그래서 저는 두 번째를 택했습니다. 제 목소리를 내기로 했습니다.

잠시 제 이야기를 해 드릴까 합니다. 독특해서가 아니라, 너무 평범하기에 해 드리고 싶은 이야기입니다.

강대국이라는 국가들은 전쟁을 일으키는 데에는 어찌 그리 강력하면서 평화를 가져오는 데에는 어찌 그리 나약할까요? 총은 그리 쉽게 주면서, 책을 주는 건 왜 그리 어렵지요?

소녀나 소년이 공장에서 유년기를 보내서는 안 됩니다. 어린 소녀를 시집보내는 일이 있어서는 안 됩니다. 아이가 전쟁에서 목숨을 잃어서는 안 됩니다. 아이가 학교에 다니지 못 하는 일이 있어서는 안 됩니다.

제가 말씀드린 이 모든 폐단을 이제는 끝내야만 합니다.

엠마 왓슨

배우, 여성 운동가

Emma Watson

Actor and Activist

66

I am inviting you to step forward, to be seen to speak up, to be the "he" for "she". And to ask yourself if not me, who? If not now, when?

부디 앞으로 나와 주십사 청합니다.
목소리를 내는 모습을 볼 수 있도록 말입니다.
'그녀'를 위한 '그'가 되어 주십시오.
그리고 자신에게 물어봐 주십시오.
내가 아니면 누가? 지금이 아니면 언제?

99

Emma Watson

영국 배우 엠마 왓슨은 열한 살의 나이로 2001년 영화『해리 포터』1편에 조숙한 헤르미온느 역으로 출연하면서 세계적인 스타가 되었다. 이전에는 학교 연극 몇 편에 출연한 경력이 전부인 무명이었지만, 조앤 롤링의 소설을 각색한 블록버스터 영화들에 출연하면서 대중적 경력을 쌓아 갔다.

엠마는『해리 포터』영화 시리즈의 마지막 편이 끝날 즈음—당시 그녀는 미국 로드아일랜드에 있는 브라운대학을 졸업했다—교육과 여성의 인권에 눈을 돌렸다. 유엔 여성 친선대사의 신분으로 여러 나라를 여행하며 그녀는 여성의 역량 강화 운동에 힘썼고, 인기 있는 페미니즘 북 클럽 '우리가 함께하는 책장'을 시작했다.

2014년 뉴욕시 유엔 본부에서 엠마는 '그녀를위한그 HeforShe '의 시작을 공표했다. 이 단체는 남성들이 성 평등과 관련된 논의에서 더 큰 역할을 하게 하는 것을 목표로 삼고 있다. 남녀 모두가 겪는 성 고정관념의 부정적인 효과를 주제로 한 엠마의 연설은 인터넷에서 빠르게 퍼져 나갔다. 영국의 여성참정권 운동가들을 연상케 하는 하얀 드레스 차림으로 나온 엠마는 1995년 '여성의 권리는 인권'이라고 선언했던 힐러리의 연설을 인용했으며, 아직도 할 일이 많다고 덧붙였다. 또한 '페미니즘'이 너무나도 자주 '남성 혐오'로 해석된다고 설명하면서, 남성 역시 불평등한 세상에 상처 입는다고 말했다.

엠마는 모든 성이 지분을 갖는 포괄적인 운동으로 페미니즘의 틀을 재구성했으며, 'HeforShe'는 사회 전 영역에서 새로운 동지와 페미니스트 챔피언이 나타나게 하는 데 일익을 담당했다.

HeforShe에 대한 유엔 연설
2014년

HeForShe Launch Campaign

우리는 남성이 성에 대한 고정관념에 갇혀 있다고는 잘 얘기하지 않습니다. 하지만 저는 남성이 자유로워져야 여성을 위한 변화가 자연스럽게 생겨날 수 있다고 봅니다.

남성이 지나치게 공격적이지 않다면, 여성은 자신이 남성에게 순종을 강요당한다고 느끼지 않을 겁니다. 남성이 지배할 필요가 없다면 여성은 지배당할 이유가 없습니다.

남녀 모두에게는 예민하게 느낄 자유가, 자신이 강하다고 느낄 자유가 보장되어야 합니다. 그리고 우리는 성을 서로 대척점에 있는 이상향이 아닌, 하나의 스펙트럼 위에서 보아야 합니다.

타인과 다른 점을 들어 자신을 정의하는 일을 그만두고, 고유한 자신들의 존재로 자신을 정의한다면, 우리는 모두 더 자유로울 수 있습니다. 이게 바로 HeforShe를 통해서 하려는 일입니다. 이게 바로 자유입니다.

Emma Watson

저는 남성들이 이 세계에 발을 들여 주기를 바랍니다. 그래야 남성들의 딸들과 누이들과 어머니들이 편견에서 벗어날 수 있습니다. 그래야 아들들 또한 연약하고 인간적일 수도 있게 되고 한때 버렸던 자신의 일부를 되찾을 수 있습니다. 그러는 중에 더욱 진실해지고 더욱 온전히 자신의 모습과 만날 수 있을 겁니다.

Emma Watson

"

When there's hundreds or thousands or millions or maybe eventually billions of people all making the right choices, all trying to leave a slightly lighter ecological footprint then we begin moving to the kind of world that we can be happier to leave to our descendants.

수백의, 수천의, 수백만의, 수십억 명이 올바르게 선택해
모두의 작은 발자국을 생태계를 위해 남기려고 애쓴다면 상황은 분명히 달라집니다.
만약 그리된다면, 우리는 후손들에게 더욱 행복한 세상을 물려줄 수 있을 겁니다.

"

제인 구달

영장류 동물학자, 인류학자

Jane Goodall

Ethologist and Conservationist

Jane Goodall

어렸을 때 제인 구달은 달걀이 어디서 오는지 너무도 궁금했다. 그래서 어느 날 오후, 그 신비를 풀겠다며 닭장에 들어가 오랫동안 두문불출한 탓에 그녀의 부모는 아이가 없어졌다며 경찰에 신고했다. 후에 구달을 찾았을 때 그녀의 어머니는 딸을 꾸짖지 않았다. 대신 딸이 새롭게 알게 된 사실들에 대해 흥분해서 말하는 것을 잠자코 들어 주었다. 과학자의 싹은 그렇게 돋아났다.

구달은 일평생 동물과 자연에 대한 열정을 품고 살았다. 1960년, 갓 스물여섯의 나이에 대학 학위도 없이 구달은 짐을 꾸려 탄자니아의 곰비 국립공원으로 떠났다. 그로부터 55년 동안 그녀는 야생 침팬지에 관한 연구에 매진했다. 구달은 침팬지가 먹을 것을 찾기 위해 인간처럼 도구를 찾는다는 사실을 포함한 여러 가지 놀라운 발견을 해냈다. 연구 초반에 그녀의 어머니는 그녀의 곁에 머물면서 그녀를 도왔다.

곰비로 첫 답사를 다녀온 후 구달은 과학자이자 활동가로 많은 업적을 이루었다. 1965년, 그녀는 동물의 행동을 연구하는 행동 생물학으로 케임브리지대학에서 박사 학위를 취득—구달은 학사 학위 없이 박사과정 입학을 허락받은 몇 안 되는 사람이다—했다. 1977년에는 국제적인 보존 단체인 제인 구달 연구소를, 1991년에는 청년 중심의 환경 단체 루츠앤드슈츠Roots & Shoots를 설립했다. 2004년에는 환경을 보호하고자 하는 노력을 인정받아 대영제국 훈장 2등급과 여기사 작위를 받았다.

언제나 낙천적이었던 구달은 2016년에 「지구 돌보기 – 희망의 이유」라는 제목의 강연을 했는데, 그녀는 이 강연에서 "나는 그저 혼자일 뿐이잖아. 그런 내가 무슨 일을 어떻게 한단 말이지?"라고 자문했으며, 그 질문에 놀라운 답변을 했다.

지구 돌보기- 희망의 이유
2016년

Caring for the Earth – Reasons for Hope

우리 한 명 한 명은 하루하루 이 행성에 영향을 끼칩니다. 영향을 끼치지 않고는 단 하루도 살 수 없습니다.

그래서 우리에게는 선택권이 있습니다. 물론 이 자리에 계신 모든 분에게도 선택권이 있습니다. 물론 삶에 별다른 선택권이 없는 이들도 있지만, 적어도 이 자리에 있는 우리에게는 있습니다.

우리가 매일 하는 소소한 일의 선택 결과에 대해 생각해 보겠습니다.

무엇을 살까, 무엇을 먹을까, 무엇을 입을까, 이것들은 어디에서 오는가, 어떻게 만드는가, 동물에게 잔혹한 짓을 해서 만들어진 결과물인가, 저 멀리 아동 노예 노동으로 만들어진 물건인가, 이 물건은 환경에 해를 끼치며 만들어졌는가?

이런 질문들을 던져 보면 우리는 보다 현명한 선택을 할 수 있습니다. 모든 일을 허투루 넘기지 않고 고찰하면 놀라운 일이 일어납니다.

Jane Goodall

나는 그저 혼자일 뿐이잖아. 그런 내가 무슨 일을 어떻게 한단 말이지? 나는 무력하고 별 볼 일 없는 사람이잖아. 내가 무슨 일을 해도 소용이 없다고!

이런 생각에 이르면 사람들은 침울해지고 아무것도 하지 않습니다. 그러고는 환경 문제 따위를 멀찍이 치워 버리고 환경에 대해 신경 쓰지 않게 됩니다. 생각만 해도 우울해지니 아예 생각하고 싶지 않아서지요.

우리는 이러한 무감각을 극복해야 합니다. 특히 젊은이들이 그렇습니다.

나는 혼자일 뿐이라고요? 예, 그렇습니다. 나 혼자서는 아무것도 할 수 없습니다. 하지만 수백의, 수천의, 수백만의, 수십억 명이 올바르게 선택해 모두의 작은 발자국을 생태계를 위해 남기려고 애쓴다면 상황은 분명히 달라집니다. 만약 그리된다면, 우리는 후손들에게 더욱 행복한 세상을 물려줄 수 있을 겁니다.

미셸 오바마

미국 영부인, 변호사

Michelle Obama

First Lady of the United States(2009~17) and Lawyer

66

Our motto is,
when they go low,
we go high.

우리의 신조는 이겁니다.
저들이 저급하게 가도, 우리는 품위 있게 가자.

99

Michelle Obama

미셸 오바마는 이 시대의 걸출한 연설가로 손꼽힌다. 넘치는 카리스마와 청중을 좌지우지하는 뛰어난 능력은 남편인 전 미국 대통령 버락 오바마에 견주어도 모자람이 없다. 영부인으로 8년을 보내면서 미셸은 아동 비만에서 LGBTQ 인권에 이르는 여러 대의를 옹호하는 데 자신의 지위를 십분 활용했다.

시카고의 사우스 사이드에서 자란 미셸은 자신의 출신과 목표에 대해 종종 연설했다. 십 대 시절 그녀는 오빠를 따라 프린스턴 대학에 입학했고—그녀의 부모님은 대학을 졸업하지 못했다—, 이후 하버드대학교 로스쿨에 진학했다. 미셸 오바마는 버락 오바마가 병아리 변호사였던 시절 시카고에 있는 법무법인 '시들리 앤 오스틴'에서 그를 만났고, 그의 멘토 역할을 했다.

2016년, 미셸 오바마는 민주당 전당대회에서 연설했다. 힐러리 클린턴을 민주당 대통령 후보로 지지하는 연설이었다. 이 감정적인 연설에서 미셸은 백악관에서 부모로 지낸 경험에 대해 털어놓았다. 미셸은 자신을 두 딸과 미

전역 모든 아동의 역할 모델로 설정해 부모 됨―특히, 모성― 과 정치를 연결했다. 이것은 무척 강력하며 아주 품격 있는 여성 리더십의 지지였다.

미셸은 당시 일곱 살과 열 살이던 사샤와 말리아가 처음으로 '총을 찬 덩치 큰 남자들이 수행하는 검은 SUV'를 타고 있는 모습을 본 날을 회고했다.

"그 순간에 알았습니다. 백악관에서 지내는 시간이 우리 두 딸이 어떤 사람으로 성장할지에 대한 초석이 되리라는 사실을요. 그리고 우리가 이 경험을 어떻게 건사하는지에 따라 아이들에게 득이 될 수도, 독이 될 수도 있다는 사실도 깨달았습니다."

민주당 전당대회 연설
2016년

Speech at the Democratic National Convention

스포트라이트를 받는 특별한 삶의 시험에 든 우리 딸들을 잘 이끌고 보호하기 위해 버락과 저는 매일매일 생각했습니다.

아버지의 시민권과 신념에 대해 의문을 표하는 이들은 무시하라고 딸들에게 말했습니다.

TV에 나오는 유명인사들이 내뱉는 혐오스러운 말들이 이 나라의 참된 정신을 대변하는 것이 아니라고 딸들에게 단언했습니다.

누군가 잔인하게 다른 이들을 괴롭힐 때 너희는 그들의 수준으로 떨어지지 말라고 딸들에게 당부했습니다.

예, 우리의 신조는 이겁니다. 저들이 저급하게 가도, 우리는 품위 있게 가자.

우리가 하는 말 한마디 한마디를, 우리가 하는 행동 하나하나를 우리 아이들은 보고 있습니다. 부모로서의 우리는 딸들에게 가장 중요한 역할 모델입니다. 그리고 버락과 저는 대통령과 영부인으로서도 같은 방식을 고수해 왔음을 이 자리를 빌려 말씀드리고 싶습니다. 우리의 말과 행동이 단지 우리 딸들뿐 아니라 이 나라의 모든 아이에게도 영향을 미친다는 사실을 분명히 자각하고 있기 때문입니다.

"TV에 나오시는 걸 봤어요. 대통령 아저씨에 대한 리포트도 썼어요"라고 말하는 아이들에게 중요하다는 걸 알고 있기 때문입니다. 제 남편을 올려다보면서 희망으로 가득한 눈을 크게 뜬 채 "어? 대통령 아저씨 머리카락도 내 머리카락과 똑같네요?"라고 말하는 작은 흑인 소년 같은 그런 아이들에게도 마찬가지입니다.

저는 우리 아이들에게 이 나라의 모든 아이가 소중하다고 말해 줄 대통령을 원합니다.

오래전 이 나라의 건국자들이 세운 비전을 진심으로 믿는 대통령을 원합니다.

우리는 모두 동등하게 창조되었고, 우리는 위대한 미합중국의 이야기

속 사랑스러운 일부라는 사실을 믿는 대통령을 원합니다.

위기가 닥치면 우리는 서로에게 등을 돌리지 않습니다. 되레 서로에게 귀를 기울이고 서로에게 의지합니다. 왜일까요? 예, 인간은 함께할수록 더욱 강해지기 때문입니다.

오늘 밤 저는 힐러리 클린턴이 그런 대통령이 되리라 확신하기에 이 자리에 섰습니다. 그래서 이 선거에서 저는 힐러리를 지지합니다.

힐러리 클린턴은 대통령이 어떤 자리인지 잘 알고 있습니다. 한 가지, 오직 한 가지 목적을 위한 자리라는 것을 잘 알고 있습니다. 그 목적이란 바로 우리 자녀들을 위해 더 나은 것을 남겨 주는 일입니다. 그게 바로 우리가 미합중국을 발전시킨 방식입니다. 우리 자녀들을 위해, 우리 모두는 합심하여 그리했습니다.

'한 아이를 키우려면 온 마을이 필요하다'라는 속담이 있습니다. 우리 미국 국민은 그 속담의 의미를 잘 알기에 코치로 자원봉사를 하고, 주일

학교에 나가 아이들을 가르치는 겁니다. 다양한 피부색과 신념을 지닌 이 영웅들은 제복을 입고 헌신하였으며 자유라는 고귀한 축복을 우리 세대에 물려주었습니다.

이것이 이 나라의 이야기입니다. 오늘 밤 저를 이 연단으로 이끈 이야기이고, 억압의 고통을, 노예제의 수치스러움을, 인종 차별의 부당함을 알기에 이를 고치려고 노력한 여러 세대의 이야기입니다.

그들이 진정으로 해야만 하는 일에 헌신하고 분투했기에 오늘날 저는 흑인 노예들이 지은 백악관에서 매일 아침 눈을 뜨고, 아름답고 똑똑한 흑인 여자아이인 내 두 딸이 백악관 잔디밭에서 개들과 노는 모습을 바라봅니다.

힐러리 클린턴은 우리 딸들, 그리고 여성이 미합중국의 대통령이 될 수 있다는 사실을 미국의 아들딸들이 당연히 받아들이는 시작점이 되리라 저는 확신합니다.

We are the people. We have people power and we will use it.

우리가 바로 국민입니다.
우리에게는 국민의 힘이 있고 이를 사용할 겁니다.

글로리아 스타이넘

언론인, 정치 운동가

Gloria Steinem
Journalist and Political Activist

Gloria Steinem

미국 현대 여성운동의 큰 흐름을 이해해 보고자 한다면, 글로리아 스타이넘만큼 두드러지는 인물을 찾기란 그리 쉽지 않을 것이다. 1960년대에 스타이넘은 플레이보이지의 여성 놀이 상대인 플레이 메이트로 위장 잠입해서 쓴 기사를 포함해 여러 편의 특종 기사들을 써서 미국 내 여성 지위에 대한 날카로운 화두를 던지곤 했다.

1971년 잡지 『미즈』를 창간하기 전, 창간에 일조한 전미여성정치간부회의 회원들 앞에서 그녀는 「미국 여성들에게 건네는 연설」이라는 제목으로 연설했다. 그리고 이렇게 말했다.

"이는 단순한 개혁이 아닙니다. 이는 진정한 혁명입니다."

2017년 1월 21일, 워싱턴에서 열린 '여성의 행진'에서 스타이넘은 50만 명의 청중 앞에서 여성운동의 긴 역사를 언급했다. 청중 중 많은 이가 분홍색 고양이 모자[18]를 쓰고 있었다. 그녀는 공동 의장인 돌로레스 후에르타와 라돈나 해리스에게 그 공을 돌리면서, 트럼프 대통령 취임식 다음 날 벌어진 이 행사를 '여성이 주도하는 포용적 행사'라고 높이 평가했다.

"오래 살면 어떤 점이 좋을지 생각해 보았지요. 그런데 안 좋았던 시절을 기억한다는 점도 장점에 속하더군요."

그녀는 그리 말하면서 마틴 루서 킹 주니어와 맬컴 엑스가 암살당한 시절을 회고했다. 그러고는 미래에 대해 말문을 열었다.

"트럼프와 그 동조자들은 워싱턴에 사는 모든 닭을 닭장으로 몰아넣어 줄 여우를 찾아냈습니다. 트위터에서 트윗이나 날리는 손가락이 방아쇠를 당기는 손가락이 되면 안 됩니다. 취임식에서 트럼프는 자신은 국민 편이고 자신도 국민이라고 했습니다. 아, 정말 트럼프조차도 국민이기는 합니다. 그렇다면 다른 사람의 말을 인용해서 저는 이렇게 말하겠습니다. '저는 국민을 만났습니다. 그런데 당신은 우리가 만난 국민이 아니더군요.'라고요. 국민은 여기에 서 있는 우리니까요."

---

18 pink pussyhat. 2017년 여성의 날 행진에서 여성들이 썼던 분홍색 뜨개 모자. 도널드 트럼프 대통령의 취임에 반대하는 의미로 크리스타 서(Krista Suh)가 쓰자고 주창하면서 미국 전역으로 퍼졌으며, 10만이 넘게 모자 뜨개 본이 다운로드되면서 여성의 날에 많은 여성이 쓰고 나왔다.

여성의 행진 연설
2017년

Women's March Speech

오늘 워싱턴에서 열리는 이 행진에서는 대통령 취임식 행사 전체에 필요한 버스보다 더 많은, 무려 천 대 이상의 버스가 필요했습니다. 무려 천 대가 넘는 버스가요.

저는 오늘 베를린에서 온 분을 포함해 세계 곳곳 여성의 행진에서 온 분들과 이야기를 나누었습니다. 그분들은 제게 특별한 메시지를 전해 달라고 부탁했습니다. '베를린에서 온 우리는 벽이 소용없다는 것을 압니다'라는.

지난달 폴란드 정부가 낙태 금지법을 통과시키자 6백만 명의 여성이 거리로 나와서 법안을 바꾸었던 일을 기억하십시오.

우리가 바로 국민입니다.

우리에게는 국민의 힘이 있고 이를 사용할 겁니다.

그러니 저들이 없애고자 하는 모든 힘을 쓸 겁니다.

Gloria Steinem

예를 들어, 저들이 의회윤리위원회를 없애려고 한다고 칩시다. 위원회가 있어야 없앨 수도 있으니 위원회를 복권해야 하지 않습니까? 복권도 국민의 힘이니까요.

이것이 불리한 국면의 이면입니다.

이리 오랜 세월을 살아왔지만, 지금처럼 이렇게 많은 에너지와 진정한 민주주의가 쏟아져 나오는 것을 저는 본 적이 없습니다. 사람들의 연령대도 천차만별이고, 다양성도 엄청납니다.

명심하십시오. 우리 헌법은 '나, 대통령은'으로 시작하지 않습니다. '우리 국민은'으로 시작합니다.

그러니 우리의 분열을 조장하지 마십시오. 이슬람교도들을 강제로 등록시키려고 하면 우리는 모두 이슬람교도로 등록할 겁니다. 지금 이 자리에는 원하는 말, 느끼는 말, 지지하는 말을 하는 것만으로도 위험을 감수

해야 하는 기업, 미디어 그리고 여러 지역 출신인 분들이 와 계십니다. 신체를 침탈해 돈을 버는 전국적인 혹은 국제적 성 산업에서 가까스로 벗어난 여성분들도 이 자리에 함께하십니다.

우리는 신체 통합성[19]을 위해 이 자리에 모였습니다. 내 몸 안의 일을 나 자신이 통제하지 못한다면 내 몸 밖에서 벌어지는 일 역시 통제할 수 없습니다. 당연히 자신의 삶도 통제할 수 없습니다. 그리고 이것은 정부의 간섭 없이 아이를 낳을지 말지, 언제 낳을지 결정할 수 있는 권리이기도 합니다.

침묵하지 않겠다고, 지배당하지 않겠다고, 모든 나라가 하나 되는 세상을 만들겠다고 말하는 진정한 민주주의를 위해 우리는 이 자리에 섰습니다.

아버지 신은 쓰나미에 신경 쓰시느라 바쁘시지만, 여신은 여자들과 연대를 이루어 조개를 줍고 있습니다. 그러니 우리는 각각 더불어 하나가 되고, 서로를 바라볼 것입니다. 위를 올려다보며 아버지 신에게 구걸하지 않을 겁니다.

우리는 모두 이어져 있으며, 서열도 없습니다. 그리고 오늘은 우리가 함께하기에 영원히 우리를 바꾸는 날입니다. 우리는 따로 또 함께 절대 이전과 같지 않을 것입니다. 그래도 괜찮은 대통령을 뽑았을 때에는 집에 갈 수 있지만, 가당찮은 대통령이 선출되었을 때에는 결코 집에 가지 않을 것입니다. 이곳에 함께 서서 우리가 쓰나미가 될 것입니다.

---

19 인간은 자기 신체에 대한 자율성과 자기 결정권을 갖는다는 인간 신체의 불가침성을 논하는 개념

Gloria Steinem

베아트리스 핀

국제핵무기폐기운동 사무총장

Beatrice Fihn

Executive Director of the International Campaign
to Abolish Nuclear Weapons(2014~)

66

It is not naive to believe in the first choice.
It is not irrational to think nuclear states can disarm.
It is not idealistic to believe in life over fear from destruction; it is a necessity.

순진해서 핵무기의 종식이 가능하다고 믿는 게 아닙니다.
비합리적이라 핵보유국들이 무장을 해제할 수 있다고 생각하는 게 아닙니다.
이상주의자라 파멸에 대한 두려움보다 삶의 귀중함을 더 믿는 게 아닙니다.
우리가 반드시 해야 할 일이라 이 일을 할 뿐입니다.

99

Beatrice Fihn

노벨상 위원회가 국제핵무기폐기운동 사무총장 베아트리스 핀에게 그녀의 단체가 2017년 노벨평화상을 받게 되었다고 알리려고 전화를 했을 때, 베아트리스는 그 말을 농담이라고 생각했다. 제네바에 있는 작은 사무실에 본사를 둔 국제핵무기폐기운동은 2007년 이후 핵무기를 금지하기 위한 최초의 국제 조약을 성사시키기 위해 일해 오고 있던 차였다. 10년 후 유엔은 공식적으로 이 제안을 받아들였고, 국제핵무기폐기운동은 자격을 갖춘 회원국들로부터 계속 서명을 받아 왔다ㅡ핵무기폐기조약이 효력을 발휘하려면 50개국이 이 문서에 비준해야 한다. 하지만 핵무기를 보유하고 있는 아홉 개 국가는 이 협상을 거부했다ㅡ. 남자들의 주 무대였던 정책 분야에서 82년생인 이 스웨덴 여성은 분명하고 단호한 언어로 목소리를 냈고, 핵무기 폐기에 앞장서는 대표적 인물이 되었다.

그녀는 노벨상 수락 연설에서 다음과 같이 강조했다.

"우리는 합리성, 민주주의 그리고 공포로부터의 자유를 위한 운동을 전개하는 겁니다. 핵무기폐기조약은 전 인류적 위기의 순간에서 우리 인류가 앞으로 나갈 길을 제공합니다. 이것은 이 어두운 시대에 스민 한 줄기 빛입니다."

"우리 시민들은 거짓의 우산 아래에서 살고 있습니다. 핵무기는 우리를 안전하게 지켜 주지 않습니다. 핵은 우리의 땅과 물을 오염시키고, 우리 신체를 병들게 하고, 우리의 생존권을 인질로 잡고 있습니다."

그녀는 강력한 핵무기 프로그램을 보유한 국가들에게 무장해제를 요구했으며, '핵무기의 끝과 우리의 끝 사이에서 해야 할 단 하나의 선택'으로 핵무기폐기조약을 지지했다.

"순진해서 핵무기의 종식이 가능하다고 믿는 게 아닙니다. 비합리적이라 핵보유국들이 무장을 해제할 수 있다고 생각하는 게 아닙니다. 이상주의자라 파멸에 대한 두려움보다 삶의 귀중함을 더 믿는 게 아닙니다. 우리가 반드시 해야 할 일이라 이 일을 할 뿐입니다."

노벨상 수락 연설
2017년

Nobel Lecture

세계의 수십 군데에, 그러니까 땅에 묻힌 미사일 저장고에, 대양을 항해하는 잠수함에 그리고 하늘을 높이 나는 비행기에 인류를 파멸시킬 물체 15,000개가 자리 잡고 있습니다.

이 우울한 현실을 많은 이가 의외로 덤덤하게 받아들이는 이유는 아마도 이 사실이 너무도 엄청나서 혹은 빚어질 결과가 상상할 수 없는 규모라 그런지도 모르겠습니다. 우리 주변에 온통 광기의 도구들이 깔렸다고 생각하면 일상생활을 영위하는 자체가 불가능해질 테니까요.

하지만 이러한 무기의 지배하에 자신을 내버려 두는 것이 진짜 광기입니다. 우리 운동을 비판하는 많은 이는 우리가 비합리적이며, 현실에 근거하지 않은 이상주의자들이라고 합니다. 그리고 핵보유국들은 절대 그무기들을 포기하지 않을 거라고 합니다.

Beatrice Fihn

하지만 우리는 합리적 선택만을 대표합니다. 우리는 핵무기를 세계의 붙박이로 받아들이기를 거부하는 이들을, 몇 줄의 발사 코드에 자신의 운명을 맡기기를 거부하는 이들을 대표합니다.

우리가 받아들이려는 현실은 그것뿐입니다. 그 대안은 생각할 수조차 없습니다.

핵무기 이야기에는 끝이 있을 것이고, 그 끝이 어떨지는 우리에게 달려 있습니다.

핵무기가 종식되거나, 우리가 파멸하거나. 이 둘 중 하나는 어쨌든 일어날 테니까요.

지금 우리가 취할 수 있는 합리적이고 유일한 행동은 즉흥적인 결정으로 모두 파멸할 수도 있다는 공포로 서로를 견제하는 상태에서 사는 삶을 그만두는 것입니다.

Beatrice Fihn

알리샤 가자

인권 운동가·작가

Alicia Garza
Activist and Writer

66

This is an ode to the potential and the possible.

이 연설은 잠재력과 가능성에 바치는 송가입니다.

99

Alicia Garza

20 13년 아프리카계 미국인 십 대 소년 트레이번 마틴의 사망 사건의 범인인 조지 짐머만을 배심원단이 무죄로 석방했다는 뉴스가 나올 때 알리샤 가자는 캘리포니아 소재 공동체 조합의 대표로 일하고 있었다. 마틴을 자신의 남동생처럼 느꼈던 가자는 페이스북에 '흑인들에게 보내는 러브 레터'라는 제목의 글을 올렸다.

'흑인 여러분, 여러분을 사랑합니다. 우리를 사랑해요. 우리 생명은 소중하니까요.'

가자의 친구이자 동료 대표인 패트리스 컬로스는 이 글에 #BlackLivesMatter라는 해시태그를 달았고, 이렇게 '블랙 라이브즈 매터' 운동이 탄생했다. 이후로 블랙 라이브즈 매터 운동가들은 수십 개의 지역 지부를 설립했으며 미국 안팎에서 아프리카계 흑인에 대한 경찰의 과잉 대응과 구조적인 폭력에 이의를 제기하는 각종 활동에 참여하고 있다.

1981년생인 가자는 수평적 조직 구조를 신뢰하기에 종종 눈에 띄지 않게 활동한다. 하지만 그녀는 미국과 그 외 다른 지역에서 인종 문제에 광범위한 시사점을 지닌 사회 운동의 리더로 많은 사람의 존경을 받고 있다. 커밍아웃 한 가자는 자신을 포함해 주류를 벗어난 이들이 목소리를 낼 수 있는 공간을 만들기도 했다.

2017년, 가자는 샌프란시스코주립대학 졸업식에서 축하 연설을 한 바 있다. 그녀는 이 연설을 자신보다 앞선 삶을 산 강한 흑인 여성들에게 헌정했다. 가자는 청중에게 자신의 어머니를 포함한 흑인 여성들의 끈기와 저력이 없었다면 자신은 이 자리에 설 수 없었을 거라고 말했다.

당시 그녀는 한 가지 질문으로 연설을 마무리했다. 이 질문은 소저너 트루스의 심정과 역할을 떠올리게 하는 동시에 자기 성찰을 위한 비난이자, 행동할 것을 촉구하는 요청이자, 힐난이 되어 울려 퍼졌다.

"저 여자, 저 흑인 여성은 자기가 누구라고 생각하는 겁니까?"

흑인 여성들에게 바치는 송가
2017년

An Ode to Black Women

이 연설은 흑인 여성들에게 바치는 송가입니다. 그 자체로 놀라운 마법 같은 그녀들에게 바치는 송가입니다. 신념을 굽히지 않았던 흑인 여성들에게, 매 순간 그런 그들을 도왔던 흑인 여성들에게 바치는 송가입니다.

남자가 하는 일은 죄다 할 수 있었고 남자보다 심지어 더 잘하기까지 한 중서부 출신의 한 흑인 여성이 없었더라면, 저를 임신하고 어쩔 줄 몰라 했지만, 어쨌든 낳아 준 바로 그 여성이 없었더라면, 저는 이 자리에 없을 겁니다.

흑인 여성들이 없었다면 '지하철도'[20]도 없었을 것이고, 흑인들의 시체가 나무에 이상한 과일처럼 매달려 흔들리는 데 반대하는 운동도 일어나지 않았을 것이고, 발가락에서부터 자궁을 통과해 폐를 거쳐 멋진 정신과 입을 통해서 나오는 니나 시몬의 멋진 항거 노래도 나올 수 없었을 겁니다.

Alicia Garza

흑인 여성이 없다면 미국도 없을 겁니다.

도로시 츠루타 박사, 돈 엘리사 피셔 박사, 라이닛 슈워츠, 패트리스 컬로스, 에이다 보간 트래윅, 머틀 버크홀터, 준 조던, 바버라 스미스, 라티파 시몬, 해리엇 터브먼, 말라이카 파커, 앤절라 데이비스, 에리카 허긴스, 린다 번햄, 다이앤 내시, 엘라 베이커, 브리트니 쿠퍼, 소저너 트루스, 아이다 B. 웰스, 오드리 로드, 니나 시몬, 마이아 홀, 페니 프라우드, 패트리샤 힐 콜린스, 제시 파웰, 베티 히긴스, 조앤 애버나티, 엠마 해리스, 에스파뇰라 잭슨, 이슬란 네틀스, 아사타 샤쿠르, 레니샤 맥브라이드, 재니타 존슨, 킴벌리 크렌쇼, 재닛 모크, 그리핀 그레이시 소령, 드림 햄톤, 미셸 오바마, 메이 에타 보크홀터, 코린 게인즈가 없었더라면, 그리고 알지 못해서 부르지 못하나 그 정신에 저와 같은 핏줄을 타고 흐르는 너무도 많

---

20 19세기 미국에서 활동하였던 노예 해방을 위한 비공식 네트워크. 미국 흑인 노예들이 남부를 탈출해서 캐나다까지 가는 동안 탈출 경로와 안전 가옥을 제공했다.

은 이가 없었더라면, 저도, 여러분도 우리도, 우리가 말하는 문명화된 사회도 없었을 겁니다.

우리, 저, 여러분과 저!

우리는 모든 것을 흑인 여성들에게 빚지고 있습니다.

여러분이 원하는 모든 신께 감사합니다.

회복을 위해.

결단을 위해.

담대함을 위해.

끈기를 위해.

헌신을 위해.

힘을 위해.

존재를 위해.

의지를 위해.

Alicia Garza

그리고 주저함이나 변명 없이 늘 모두가 고양되기 위해.

혹은 우리 모두에 관해 이야기할 필요를 위해.

물론 이야기는 지금까지 계속해 왔으니 이제 앞으로 나아가야겠지요.

우리는 그저 우리 모두를 위해 행동할 뿐입니다.

이 연설은 잠재력과 가능성에 바치는 송가입니다.

Alicia Garza

마야 린

조각가, 건축가

Maya Lin

Sculptor and Architect

66

Believe that your one voice can make a difference.

여러분의 하나 된 목소리가 차이를 만든다는 사실을 믿으십시오.

99

Maya Lin

미국의 조각가이자 건축가인 마야 린은 2018년 뉴욕의 '스쿨 오브 비주얼 아트'의 졸업생들 앞에서 연설할 때 자신의 졸업식 이야기를 꺼냈다. 졸업 당시 린은 워싱턴에 세워질 베트남 참전용사 기념관이 개최한 디자인 공모전에서 수상한 터였다. 대담하고 미니멀한 건축 양식의 기념관은 린이 아직 20대 초반이었던 1982년에 완공되었다. 우리 시대의 주요 건축물로 인정받았고, 매년 5백만 명 이상이 방문하고 있다.

기념관의 성공이 거저 주어진 것만은 아니었다. 건축물은 처음부터 충격적이었다. 린을 비판하는 이들은 린이 학교를 갓 졸업한 너무도 어린 젊은이고 여자라는 데 의구심을 표했다. 그리고 그녀가 그렇게나 대단한 프로젝트를 성공적으로 이끌어 가리라 믿지 못했다. 오랜 경력을 지닌 남자 멘토들을 포함한 모두가 그녀의 설계를 품평하려 들었다. 그러나 린은 기념관 완공 이후에도 예술가이자 디자이너로 국제적인 성공을 거두었고, 자신의 비전을 고수했다.

"젊음은 우리에게 뭐든 이겨낼 수 있다는 의지를 선사하지요."

연설 중에 린은 예술가의 삶과 '오롯이 작가의 몫인' 창작 과정으로 느낀 두려움과 불안에 대해 말하면서 직관을 포용해 자기 의심을 넘어서라고 졸업생들에게 조언했다.

"누군가를 불쾌하게 하는 것을, 모든 일에 의문을 제기하는 것을, 자신을 재구성하는 것을, 세계를 재고찰하는 것을 두려워하지 마십시오."

SVA 졸업 축하 연설
2018년

SVA Commencement Address

세상을 보다 나은 곳으로 만들려면 모두에게 역할과 책임이 있다고 저는 믿습니다. 그렇지 않으면 대안이 세상을 더 나쁜 곳으로 만드는 데 일조하거나, 멍하니 서서 아무것도 하지 않게 되니 말입니다.

여러분이 어떻게 관계를 맺고, 반응하고, 시간을 쌓아 올릴지 선택하는 것은 예술가로서 여러분이 발전해 나갈 매우 주요한 요소라고 봅니다. 예술은 지도자이자 우리가 사는 시대를 비추는 거울이기 때문입니다. 예술가들은 다른 이들이 보지 못하는 것을 볼 수 있습니다.

우리는 세상을 새로운 빛 아래에 둘 수 있으며, 다른 이들에게 새로운 진실과 미래를 보게 할 수 있습니다. 우리는 다른 세상을 상상하고 창조하는 데 일조할 수 있습니다. 함께하는 걸 두려워 마시고, 마음이 쓰이는 걸 두려워하지 마십시오. 여러분의 하나 된 목소리가 차이를 만든다는 사실을 믿으십시오. 부디 제가 말씀드린 그 믿음을, 그 열정을, 그 충동을, 그 시를 절대로 잃지 마십시오.

저는 늘 새로운 생각을 찾아 그 생각에 형태를 부여합니다. 그리고 그

것이 반영된 새로운 작품을 붙든 채 끙끙거립니다. 여러분도 마찬가지일 겁니다. 하지만 알아 두세요. 여러분은 절대로 혼자가 아닙니다.

그리고 지금, 오늘 이 졸업식 이후 여러분은 더욱 큰 예술적 공동체의 일원이 될 것입니다. 이 공동체는 시간을 거슬러 올라가기도 하고, 모든 시대를 망라해 당신의 예술적 동료와 대화를 나눌 수도 있게 해 줍니다.

저는 이것을 집단적 창작 의식이라고 부릅니다. 예술을 통해 우리는 수천 년 전의 사람들이 그들이 사는 세상을 어떻게 봤는지 알 수 있습니다. 그리고 지금부터 몇천 년 후 사람들은 우리가 만들어 놓은 예술을 통해 우리를 엿보겠지요.

4백 년 전에 윌리엄 셰익스피어가 쓴 대사는 여전히 우리를 울리고 웃깁니다. 피카소의 「게르니카」 앞에 서면 그 절대적인 경이에 새삼 입을 다물 수밖에 없습니다. 아이웨이웨이의 다큐멘터리 「인류의 흐름」은 세계 곳곳에서 인간이 얼마나 많은 고통을 감내하고 있는지 깨닫게 해서 우리가 서로 연결되어 있음을 다시 느끼게 해 줍니다.

지금부터 백 년 후 여러분의 작품은 그때의 사람들에게 어떻게 읽히고 느껴질까요? 지금부터 천 년 후라면 또 어떨까요?

그래서 저는 여러분에게 대화의 일부가 되고 이 놀라운 창작의 연속성 속에서 여러분 자신만의 목소리를 찾으시라고 말씀드리는 겁니다.

자, 다시 한 번 여러분께 여쭙습니다.

여러분은 무슨 말을 하고 싶으십니까?

Maya Lin

그 외 영감을 주는 여성들

사포 Sappho
그리스의 시인, 기원전 610 ~ 570년경

그리스 시인 사포는 서정시로 유명하지만, 그녀의 시 대부분은 오로지 조각조각 남아 있을 뿐이다. 그녀의 삶의 많은 부분을 알 수 없지만, 인생, 사상, 여성의 열정을 찬양한 그녀의 숱한 글은 고대부터 오늘날까지 그 예술적 가치를 높이 인정받고 있다. 여성 간의 성애를 일컫는 '레즈비언'이라는 현대의 용어는 레스보스섬에 살았던 사포에게서 비롯되었다. 여전히 논란의 대상이기는 하나 현대 학자들은 대개 사포의 시가 동성애를 묘사하고 있다고 생각한다.

히파티아 Hypatia
수학자, 천문학자, 서기 355 ~ 415년경

뛰어난 수학자이자 천문학자이며 철학자였던 히파티아는 알렉산드리아의 역사에서도 특히나 격동적인 시대에 살았다. 인기 있는 교사였기에 많은 청중이 몰려와 그녀의 철학 강의를 들었다고 기록되어 있다.

엘레오노르 다키텐 공작 Eleanor of Aquitaine
프랑스와 영국의 왕후, 1122 ~ 1204년경

중세 유럽에서 가장 영향력 있는 여성이라 할 수 있는 엘레오노르는 예술계의 주요 후원자일 뿐 아니라 비중 있는 통치자였다. 그녀는 프랑스의 루이 7세와 15년간 결혼 생활을 유지했지만, 1152년에 무효화되었고 두 달 후 헨리 플랜태저넷과 결혼했다. 1154년 헨리가 영국의 헨리 2세가 되면서 엘레오노르는 영국과 프랑스를 오가며 남편의 국정 운영을 도왔다. 1173년, 자신의 두 아들이 헨리 2세에 반기를 드는 것을 도왔다가 내란죄 시도로 투옥되었지만, 1189년 헨리 2세의 뒤를 이어 왕위에 오른 그녀의 아들 리처드 1세는 그녀를 석방

했다. 1190년, 리처드가 십자군 원정으로 왕위를 비우는 동안 그녀는 섭정으로 통치했다.

올랭프 드 구주 Olympe de Gouges
작가, 사회개혁가, 1748 ~ 1793년

다작했던 사회 활동가이자 작가로 드 구주는 이혼, 산부인과 병원 및 미혼모들의 권리와 관련한 안건들을 옹호했다. 1791년 「여성과 여성 시민의 권리 선언」이라는 제목의 팸플릿을 발간하기도 했다. 프랑스 혁명 중 지롱드파를 지지하다가 지롱드파가 몰락하자 1793년에 처형당했다.

매리 울스턴크래프트 Mary Wollstonecraft
작가, 페미니스트, 1759 ~ 1797년

여성 인권 운동의 선구자로 인정받는 울스턴크래프트의 가장 유명한 저서는 1792년 「여성의 권리 옹호」이다. 이 책에서 울스턴크래프트는 여성이 직업을 가져 독립적인 삶을 영위할 수 있도록 교육 체제의 전면적인 개편을 주장했다.

치우진 Qiu Jin
페미니스트 시인, 혁명가 1875 ~ 1907년

불안했던 청나라의 말기, 치우진은 여성의 권리를 정치 혁명과 동일선에 두었던, 새로운 페미니스트 운동을 이끄는 인물이었다. 당대의 성과 계급의 규범을 거부한 치우진은 전족을 풀고 남자 옷을 입었으며 남편과 아이를 두고 일본으로 건너가 교육을 받았다. 그녀는 중국여성저널을 창간하고 전족과

중매결혼과 같은 문제 등 광범위하게 목소리를 냈다. 1907년, 처형당했으며, 현재까지 혁명의 순교자로 추앙받고 있다.

사로지니 나이두 Sarojini Naidu
정치 활동가, 페미니스트, 시인 1879 ~ 1949년
마하트마 간디의 비폭력 저항운동의 영향으로 나이두는 인도국민회의 대변인으로 활약했다. 1925년, 인도국민회의 최초로 여성 의장이 되었다. 동아프리카, 남아프리카 그리고 북미를 돌아다니며 가치를 설파하고 강연했다. 독립 이후 유나이티드 프로빈스(연합주– 오늘날의 우타르 프라데시) 총독을 1946년부터 사망할 때까지 역임했다. 오늘날 나이두의 생일은 인도 전역에서 여성의 날로 기리고 있다.

돌로레스 이바루리 Dolores Ibárruri
스페인 정치 지도자, 1875 ~ 1989년
'라 파시오나리아(열정의 꽃)'이라는 애칭으로 유명한 이바루리는 스페인 공산당 중앙의원으로 여러 번 수감 생활을 했다. 스페인 내전 당시 했던 유명한 연설에서 이바루리는 "노 파사란(아무도 통과하지 못한다)!"이라고 함성을 질렀다. 프랑코가 승리하자 이바루리는 스페인을 떠나 러시아로 망명해 거기서 스페인 공산당 중앙위원회 총서기로 활동하다가 1977년 고국으로 돌아왔다.

레이철 카슨 Rachel Carson
생물학자 1907 ~ 1964년
카슨은 환경오염과 해양 생물학에 관련된 광범위한 저작물들을 남겼다. 1962년 저서인 『침묵의 봄』은 세계적 베스트셀러가 되었고 환경 문제에 대한 인식을 크게 고양했다. 카슨의 선구적인 저작물 덕분에 미국환경보호국이 설립되었고, 사후 대통령 자유 훈장이 추서되었다.

시몬 드 보부아르 Simone de Beauvoir
작가, 철학가, 1908 ~ 1986
프랑스의 실존주의 철학자 그룹의 일원인 시몬 드 보부아르는 1949년 『제2의 성』을 집필했다. 기념비적 페미니스트 저서로 인정받는 이 책은 이 질문을 궁구하고 있다. '여자란 무엇인가?'

베티 프리단 Betty Friedan
작가, 페미니스트, 1921 ~ 2006년
프리단은 페미니스트 저작물 중 놀라운 영향력을 발휘한 작품 『여성성의 신화』 저자로 유명하다. 많은 전업주부를 인터뷰한 뒤 프리단은 아내와 어머니라는 정해진 역할이 여성에게 전적인 충족감을 준다고 주장하는 사회가 찬양하는 견해에 도전했다. 그녀는 또한 전미여성기구를 공동 설립했으며 다양한 분야에서 여성의 삶을 향상하기 위해 활동했다.

빌리 진 킹 Billie Jean King
테니스 선수, 1943년생
빌리 진 킹은 1973년 '세기의 대결'이라 불리는 바비릭스와 벌인 시합에서 이긴 것으로 유명하다. 서른아홉 번의 그랜드 슬램을 달성한 뒤 은퇴한 킹은 사회 정의와 평등을 이루기 위해 많은 활동을 펼쳤다.

치마만다 은고지 아디치에
Chimamanda Ngozi Adichie 작가
그녀의 뿌리인 나이지리아에 영향을 받아 쓴 『태양은 노랗게 타오른다』와 『아메리카나』라는 소설로 엄청난 성공을 거둔 후 아다치에는 2012년 『우리는 모두 페미니스트가 되어야 합니다』라는 테드 연설로 또 유명해졌으며, 이 연설을 수필로 고쳐 출간했다. 저자의 테드 연설은 전 세계의 이목을 끌었고, '우리는 모두 페미니스트가 되어야 합니다'라는 구호는 디오르의 티셔츠에 새겨졌으며, 비욘세의 2013년 노래 「Flawless」에서 인용되었다.

목소리 소환하기

요새 머릿속을 떠도는 표현 중 하나는 '목소리 소환하기'이다. 텍스트를 읽고 쓰며 내가 하는 작업이 무엇인지 곰곰이 생각해 보면, 목소리를 소환하는 작업이기 때문이다. 번역과 별개로 나는 동화나 설화에 숨겨진 목소리를 찾아 현실로 소환하는 일에 관심이 많다. 그리고 여성들이 드러내 놓고 목소리를 낼 수 없었던 시절, 여성들이 이야기 속에 숨긴 메시지들을 찾아 현실로 불러내는 것이 내가 글을 읽고 쓰는 동안 감당해야 하는 한 가지 소명이라고 생각한다.

옛날이야기들에서 드러나는 메시지들은 그 골격이 유지되지만, 일상의 스토리텔러들인 할머니들과 어머니들의 입을 거치면서 드러내 놓고 말하지 못하는 메시지들을 은밀하게 숨겨 온 구석이 있다는 점에서 흥미롭다. 그렇게 내 첫 저작은 동화 속에 숨겨진 이야기를 찾아내서 현실로 소환하는 일이었다.

그래서 『그렇게 이 자리에 섰습니다』는 큰 의미를 지닌 채 내게 다가왔다. 출판 번역은 내가 전공한 분야—영어 교육이 아니면 가능한 한 하지 않으려고 여러 해 고사해 왔던 차였다— 삶의 모퉁이를 돌 때 무엇이 나를 기다리고 있는지 몰랐다가 그 의외성, 그러나 그 필연성에 놀라듯 이 책이 그렇게 내게 왔다. 이 책은 여성들이 드러내 놓고 낸 목소리를 모은 책이 아니던가. 출판할 기회도 잘 주어지지 않아서 익명으로 혹은 남자 가명으로 책을 내며 전전긍긍하며 살았던 수백 년 세월을 영문학사에서, 그리고 우리나라 문학사에서 엄연히 본 바가 있는 터라 여성들이 역경에 맞서며 공적인 장소에서 낸 목소리들을 모은 책이 있다는 사실은 감동적이었고, 그 목소리들을 한국어로 소환하는 작업을 맡는다는 것은 참으로 뜻깊은 일이었다.

물론, 번역이 쉽지는 않았다. 한 사람이 수백 페이지를 쓴 책을 번역하는 일은 그 작가의 일관성에 의지할 수 있어 수월한 편이지만, 이건 수많은 여성의 목소리를 모은 책이 아니던가! 더구나, 해당 연설을 한 여성들의 삶에서 그 연설의 의미를 이해해야 하므로 그들의 다양한 삶과 그 연설을 하게 된 사회적·정치적 맥락도 찾아보아야 했다. 그 와중에 연설문 전문이 아니라 일부를 발췌한 책이라 지칭하는 대상이 무엇인지 발췌에 제외된 연설문을 찾아 확인해야 했다. 말로 한 구어체라 문법적으로 정확하지 않은 부분도 있었다. 다행히도 번역가가 겪은 어려움은 정성을 기울여 준 편집팀의 노고로 눈에 잘 띄지 않았다.

역자로서 내가 이번 책에서 바라는 바가 있다면 수백 년 전부터 지금까지 당당하게 자기 자리에 서서 목소리를 낸 여성들의 목소리가 독자들에게 생생히 전달되는 것이다. 그리고 수백 년이라는 시간과 공간을 넘어선 여러 여성이 낸 목소리가 한국의 여성들을 하나로 묶는 유대의 끈이 되기를 소망한다. 그리하여 우리도 우리의 자리에서 목소리를 내고 그 목소리들이 시간과 공간을 넘어 다음 세대의 다른 문화의 여성들에게로 퍼져 나가기를 희망한다.

과거의 목소리들을 소환하는 이유는 현재 우리의 삶을 살리기 위해서라 믿는다. 부디 여러분도 함께 믿어 주시기를 청한다.

2019년 4월
역자 조이스 박

Credits

그렇게 이 자리에 섰습니다

초판 1쇄 발행 2019년 6월 19일
초판 2쇄 인쇄 2019년 7월 31일

지은이 애나 러셀
그린이 카밀라 핀헤이로
옮긴이 조이스 박

펴낸이 박영선
편집주간 조경희
편집진행 박경미
영업관리 박영선
온라인마케팅 다케터(박승희)
디자인 ALL designgroup
인쇄 소프티안

펴낸곳 ㈜에이스컨프로
출판등록 2015년 10월 21일 제2015-000279호
주소 서울 강남구 선릉로 513, 9층
내용 및 구입 문의 02-529-7299
팩스 070-8118-1299
이메일 keystonebook@gmail.com
홈페이지 www.keystonebook.co.kr
ISBN 979-11-960127-7-9 03300